USTED PUEDE Y LO HARÁ

USTED PUEDE Y LO HARÁ

WITHDRAWN

JOEL OSTEEN

New York   Boston   Nashville

FaithWords
Hachette Book Group
237 Park Avenue
New York, NY 10017

www.faithwords.com

Impreso en los Estados Unidos de América

RRD-C

Primera edición: septiembre 2014
10 9 8 7 6 5 4 3 2

FaithWords es una división de Hachette Book Group, Inc.
El nombre y el logotipo de FaithWords es una marca
registrada de Hachette Book Group, Inc.

El Hachette Speakers Bureau ofrece una amplia gama de
autores para eventos y charlas. Para más información, vaya a
www.hachettespeakersbureau.com o llame al (866) 376-6591.

International Standard Book Number: 978-1-4555-7840-5

Este libro está dedicado a una mujer increíble,
Dodie Osteen, que ahora celebra sus ochenta
y un años. Su amor, bondad, generosidad y
fortaleza de fe han inspirado no sólo a mí,
sino también a incontables personas en todo
el mundo. La quiero mucho y me siento
honrado de poder llamarla mi Madre.

RECONOCIMIENTOS

Una vez más, estoy agradecido por un maravilloso equipo de profesionales que me ayudan a crear este libro para ustedes. Liderándolos está Mike V, Rolf Zettersten, de FaithWords/Hachette, y el director general y presidente de Hachette, Michael Pietsch, junto con Patsy Jones y Laura Wheeler.

También estoy agradecido a mis agentes literarios Shannon Marven y Jan Miller Rich de Dupree Miller & Associates, y especialmente a Wes Smith, el maestro de las palabras que ayuda a que mi mensaje sea claro.

En este libro ofrezco muchas historias que han compartido conmigo amigos, miembros de nuestra congregación y personas a las que he conocido por todo el mundo. Agradezco y reconozco su contribución y su apoyo. Algunos de los mencionados en el libro son personas a las que no he conocido personalmente y, en algunos de los casos, he cambiado los nombres para proteger la privacidad de los individuos. Doy honra a todos aquellos que honra merecen. Como hijo de un líder de la iglesia y pastor yo mismo, he escuchado incontables sermones y presentaciones, de modo que en algunos casos no puedo recordar la fuente exacta de la historia. Gracias a todos aquellos que han tocado mi vida con sus propias historias. Mi intención al escribir este libro es transmitir las bendiciones, y gloria sea a Dios.

Estoy en deuda con el increíble personal de la Iglesia Lakewood, los maravillosos miembros de Lakewood que comparten conmigo sus historias, y todos aquellos alrededor del mundo que apoyan generosamente nuestro ministerio y hacen que sea posible llevar esperanza a un mundo en necesidad. Estoy agradecido a todos aquellos en todo el planeta que siguen nuestros servicios en televisión, la Internet y mediante los podcasts. Ustedes son parte de nuestra familia de Lakewood.

Ofrezco un agradecimiento especial también a todos los pastores en el país que son miembros de nuestra red Champions Network.

Y por último pero no menos importante, gracias a mi esposa, Victoria, y a nuestros hijos Jonathan y Alexandra, que son mis fuentes de inspiración diaria, al igual que a nuestros familiares más cercanos que sirven como líderes día tras día de nuestro ministerio, incluyendo a mi hermano, Paul, y su esposa, Jennifer; mi hermana, Lisa, y su esposo, Kevin; y mi cuñado, Don, y su esposa, Jackelyn.

ÍNDICE

INTRODUCCIÓN

Hay un ganador en usted. Fue usted creado para ser exitoso, para lograr sus metas, para dejar su marca en esta generación. Tiene grandeza en su interior; la clave es hacerla salir.

En este libro he creado ocho principios que le ayudarán a alcanzar su potencial para así poder llegar a ser todo aquello para lo cual fue usted creado. Los he visto funcionar en mi propia vida y en las vidas de muchas otras personas.

Con demasiada frecuencia nos convencemos a nosotros mismos para no obtener lo mejor de Dios. Permitimos que dudas, temores y cosas desalentadoras que personas han dicho nos limiten y nos convenzan para conformarnos donde estamos. Las voces negativas siempre hablan más alto.

Por eso he titulado este libro *Usted puede y lo hará*. Usted tiene lo necesario para ganar. Es lo bastante talentoso. Es lo bastante inteligente. Es lo bastante experimentado.

Tiene la personalidad correcta y el aspecto correcto. Tiene la nacionalidad correcta. No le engañaron. No tiene carencias. Está usted plenamente equipado. Es usted el hombre o la mujer para la tarea.

Este es su tiempo. Este es su momento. Ponga los hombros erguidos, y mantenga alta su cabeza. Camine con confianza. Ganar está en su ADN, y está a punto de salir de una manera mayor. Puede que haya tenido algunas victorias en el pasado, pero no ha visto nada aún.

A medida que ponga estos principios en acción, pasará a un nuevo nivel de su destino. Descubrirá talentos que no sabía que tenía, y verá la bendición de Dios y su favor de maneras sorprendentes.

¡Prepárese! ¡Usted puede y lo hará!

CAPÍTULO 1

Mantenga su visión delante de usted

Un joven soñaba con ser actor, pero a principios de la década de 1980 no estaba consiguiendo los grandes papeles que quería. Sin dinero y desalentado, condujo su viejo auto destartalado hasta la cumbre de un monte que daba a la ciudad de Los Ángeles e hizo algo inusual. Se escribió a sí mismo un cheque por valor de diez millones de dólares por "Servicios de actuación prestados".

Este joven había crecido con tanta pobreza que su familia en cierta ocasión vivió en una camioneta Volkswagen. Se metió ese cheque en su cartera y lo guardó allí. Cuando las cosas se ponían difíciles, lo sacaba y lo miraba para recordarse a él mismo su sueño.

Una decena de años después, ese mismo joven, el cómico Jim Carrey, estaba ganando de quince a veinticinco millones por película.

> *Mantenga algo delante de su vista.*

Los estudios nos dicen que avanzamos hacia lo que vemos regularmente. Debería mantener algo delante de usted, incluso aunque sea simbólico, para recordarle aquello que está creyendo.

Un hombre de negocios al que conocí tenía la meta de construir una nueva oficina para su empresa. Compró un ladrillo, el mismo tipo de ladrillo que quería utilizar en su edificio, y puso ese ladrillo sobre su escritorio.

Cada vez que lo mira, se está moviendo hacia su meta. Le recuerda aquello que está soñando. Si es usted soltero y quiere casarse, ponga un álbum de fotos vacío sobre su mesa. Es ahí donde va a poner sus fotos de boda. Cuando lo ve, se está moviendo hacia ello.

Puede que no esté alcanzando su máximo potencial, no porque no tenga la fe, el talento o la determinación, sino porque no está manteniendo las cosas correctas delante de usted. Por toda su casa debería tener fotografías y cuadros que le inspiren, versículos de la Escritura que le alienten, recuerdos que fortalezcan su fe. Quizá uno de ellos sea una llave en su llavero de la nueva casa que quiere comprar.

Si alguien le pregunta: "¿Para qué es esta llave extra?".

Usted dice: "Es para la nueva casa que está en camino".

Dios terminará lo que Él comenzó

En la Escritura, Zorobabel quería reconstruir el templo. Puso el fundamento, pero entonces el pueblo se levantó contra él y le hizo detenerse. Durante diez años no se realizó ningún trabajo. Un día, llegó el profeta Zacarías y le dijo que hiciera algo interesante. Le dijo: "Ve y toma la piedra final". La piedra final era la piedra reservada para que fuese la última pieza de piedra que iba en el edificio. Era simbólica; representaba el producto terminado.

¿Por qué era tan importante para Zorobabel tener la piedra final delante de él? Porque cada vez que miraba la piedra final, era un recordatorio de que Dios terminaría lo que Él había comenzado. Cuando Zorobabel estaba desalentado, cuando estaba cansado y pensaba que era imposible terminar la tarea, se acercaba y miraba la piedra final. Era como si Dios le estuviera diciendo: "Yo tengo el control, yo voy a hacer que suceda, tan sólo permanece en fe".

Permita que le pregunte: ¿Tiene su piedra final delante de su vista? ¿Tiene algo que represente la pieza final de sus sueños? Mi cuñado Kevin es gemelo. Cuando era pequeño, le encantaba tener una hermana gemela, y su sueño siempre fue tener gemelos. Él y mi hermana Lisa intentaron tener un hijo durante mucho tiempo pero sin éxito. Lisa se sometió a todos los tratamientos de fertilidad, incluidas varias operaciones, pero aun así no sucedía nada.

Estaban muy desalentados; no parecía que fuese a suceder nunca. Un día, Kevin salió a recoger el correo, y había un pequeño paquete en el buzón. La dirección del envío decía que procedía de Huggies. Ellos no habían pedido nada a Huggies. Él lo abrió y allí había dos pañales. Estaban enviando muestras de sus pañales como parte de una promoción.

Kevin podría haber tirado el paquete, pensando: "Yo no los necesito; no tenemos hijos". Pero cuando vio aquellos dos pañales, algo se avivó en su interior. Lo tomó como una señal de parte de Dios. Fue su piedra final. Regresó corriendo y le dijo a Lisa: "Acabamos de recibir los primeros pañales para nuestros bebés".

Escribió la fecha en aquellos pañales y los puso sobre su escritorio en casa. Un mes tras otro, él miraba esos pañales: en la mañana antes del trabajo, en la tarde después de regresar a casa, y en la noche antes de irse a la cama. Cuando vemos algo el tiempo suficiente, se mete en nuestro subconsciente, y finalmente llega hasta nuestro espíritu. Es entonces cuando sabemos que va a suceder.

Varios años después, Kevin y Lisa recibieron una llamada telefónica repentinamente preguntando si estarían interesados en adoptar un bebé. Ellos dijeron que sí. La señora dijo: "¿Y qué les parece adoptar dos? Hay niñas gemelas que están a punto de nacer". Actualmente, Kevin y Lisa tienen a sus gemelas. Ahora son adolescentes, y tan hermosas como puedan ser.

Mantenga su visión delante de usted

¿Está creyendo para tener un hijo? Vaya a comprar un traje para bebé y cuélguelo en su armario donde pueda verlo cada día. Mantenga su visión delante de usted. Una amiga mía que quería tener un hijo decoró todo el cuarto del bebé, compró la cama y la silla de bebé, y empleó todo su tiempo, dinero y energía.

Sus amigas pensaban que ella era un poco exagerada, al preparar un cuarto para bebé sin tener ningún bebé en camino. Pero ella entendía este principio: avanzamos hacia lo que mantenemos delante. Pasó un año y seguía sin haber ningún bebé. Dos años, y ningún bebé. Cinco años. Diez años.

Ella no se desalentó. Siguió dando gracias a Dios porque su bebé estaba en camino. A lo largo del día cuando pasaba al lado del cuarto de ese bebé, la semilla iba creciendo. No parecía que nada estuviera sucediendo, pero ella iba avanzando. Veinte años después, ella tenía no sólo un bebé, sino dos. La silla ya no funcionaba, y la cama estaba anticuada. A ella no le importaba. ¡Tenía sus bebés!

¿Hay algo que usted vea cada día que le recuerde aquello por lo que ha estado creyendo, algo que le inspire, que encienda su fe? Proverbios dice: "Donde no

> *Recuerde aquello que está creyendo.*

hay visión, el pueblo se extravía". Sin ninguna visión, se quedará usted atascado. Por eso, muchas personas han perdido su pasión; no tienen nada que les recuerde aquello en lo que están soñando. Si usted está creyendo para trasladarse a una casa más bonita, encuentre una fotografía de una casa que le guste y póngala en el espejo de su cuarto de baño. Permita que esa semilla llegue a su interior.

Si está creyendo que entrará en una universidad, compre la camiseta de esa universidad y llévela puesta. Ponga en su cocina la taza con el logo de esa universidad. Cada vez que vea esa fotografía, esa camiseta, ese traje de bebé, diga en voz baja: "Gracias, Señor, porque haces que mi sueño se cumpla. Gracias, Señor, porque llegaré a ser todo aquello para lo que tú me creaste".

Yo aprendí eso de mi padre. Él y mi madre comenzaron la Iglesia Lakewood en 1959, en una vieja y deteriorada tienda de alimentación. Tenían noventa personas.

¿Sabe qué nombre puso mi padre a la iglesia? Lakewood International Outreach Center.

Había un gran cartel azul fuera. El cartel costó más que el edificio. Lo cierto es que ellos no eran un centro de alcance internacional; eran una pequeña iglesia de barrio con noventa personas. Pero cada vez que mi padre conducía hasta esa iglesia y veía el cartel, su visión iba aumentando. Él se iba moviendo hacia ella.

Cuando los noventa miembros veían el cartel semana tras semana, algo nacía en el interior. Semillas de aumento estaban echando raíces. ¿Sabe lo que es Lakewood actualmente? Es un centro de alcance internacional que toca el mundo. Cuando yo era pequeño, mi padre siempre tenía un globo terráqueo en su escritorio en casa. En la vieja iglesia había un gran mapa del mundo en la pared. Él puso un globo terráqueo a sus espaldas cuando hablaba. Siempre tenía el mundo en su mente. Un año en la conferencia, llegaron personas desde 150 países; se parecía a las Naciones Unidas.

Usted se irá moviendo hacia aquello que mantenga delante de su vista.

Libere su fe de manera grande

Ahora bien, no tenga tan sólo una visión pequeña. No causa molestias a Dios creer en grande. De hecho, es precisamente lo contrario. Cuando usted cree para hacer grandes cosas, cuando cree para establecer un nuevo nivel para su familia, eso agrada a Dios.

Quite los límites y diga: "No veo una manera, pero

Dios, sé que tú tienes una manera, así que voy a creer para tener esos gemelos. Creeré para comenzar un negocio que influencie el mundo. Creeré que toda mi familia te servirá. Creeré para recuperarme por completo".

Cuando usted libera su fe de manera grande, eso agrada a Dios.

Mi padre podría haber puesto en ese cartel tan sólo LAKEWOOD COMMUNITY CHURCH. No hay nada de malo en eso, pero Dios había puesto algo mayor en su corazón. Él podría haber mirado las circunstancias: "Somos solamente noventa personas. No tenemos mucho dinero. No tenemos un edificio bonito. Nunca haremos nada grande". Si él hubiera hecho eso, no tendríamos una iglesia tan grande en la actualidad.

No importa cómo se vea en lo natural; Dios es un Dios sobrenatural. Él no está limitado por sus recursos, por su ambiente, por su educación ni por su nacionalidad. Si usted tiene una visión grande, Dios no sólo hará aquello que usted está soñando, sino que hará mucho más de lo que pueda usted pedir o pensar.

Unos años después de que mi padre partiese con el Señor y yo pasara a ser el pastor de la iglesia, tuve el deseo de escribir un libro. Mi papá había escrito muchos libros, y todos ellos se tradujeron al español. En la estantería al lado de la que yo pasaba cada día, tenía dos ejemplares del libro más popular de mi papá. Uno era en inglés, y el otro era en español. Yo mantenía esos libros delante de mi vista, sabiendo que un día en el momento correcto, yo escribiría un libro. Mi sueño era que ese libro también fuese traducido al español.

En mi mente, eso parecía totalmente fuera de mi alcance. Nunca pensé que podría levantarme y ministrar, y mucho menos escribir un libro. Aquello era estirar mi fe. Pasó un año, y ningún libro. Dos años, tres años, cuatro años. Habría sido fácil perder mi pasión y pensar que nunca iba a suceder. Pero tenía los libros de mi padre situados estratégicamente en esa estantería justamente fuera de mi armario.

Para llegar a las otras partes de la casa tenía que pasar al lado de esos dos libros. Los vi miles y miles de veces. No siempre pensaba conscientemente en ellos, pero incluso subconscientemente estaba avanzando hacia escribir mi propio libro. Mi fe estaba siendo liberada. Algo en el interior estaba diciendo. "Sí, un día voy a escribir un libro".

En 2004 escribí mi primer libro: *Su mejor vida ahora*. Cuando el editor leyó el manuscrito, decidieron publicarlo en inglés y en español al mismo tiempo. Normalmente, ellos esperan para ver si alguien lo compra. Pero así son los caminos de Dios. El sueño de Él para su vida es mayor que el que usted mismo tiene.

Dios aumentará el tamaño de su visión

He descubierto que cualquiera que sea su visión, Dios aumentará su tamaño. Él hará más de lo que pueda usted pedir o pensar. Mi visión era que mi libro fuese tan bien recibido, que se tradujera al español. Pero también fue traducido al francés, alemán, ruso, swahili, portugués, y otros más de cuarenta idiomas.

Si mantiene la visión delante de usted y no se convence para abandonarla, sino que sigue honrando a Dios, siendo lo máximo que pueda, dándole gracias porque está en camino, Dios aumentará el tamaño de cualquier cosa por la que esté usted creyendo. Él hará mucho más abundantemente.

Vi un artículo en el periódico hace varios años acerca de un hombre que donó a una universidad cien millones de

> *Siga honrando a Dios.*

dólares. Recorté ese artículo y lo puse sobre mi escritorio. Cada vez que lo veo, digo: "Dios, tú lo hiciste para una universidad, y tú puedes hacerlo para un ministerio".

Yo tengo una gran visión. Podemos alcanzar a muchas personas con un extra de cien millones. Si usted puede lograr sus sueños con sus propias fuerzas, talento, capacidad y recursos, entonces sus sueños son demasiado pequeños. No necesita usted la ayuda de Dios para los sueños pequeños. Crea a lo grande. Su destino es demasiado grande y su tarea demasiado importante para tener pequeñas metas, pequeños sueños, pequeñas oraciones.

Mantenga cosas grandes delante de usted. Un amigo mío alimenta a un millón de niños al día. Él y su esposa apoyan orfanatos y programas de alimentación que llegan a un millón de niños cada día. Eso es lo que yo mantengo delante de mí. "Dios, tú lo hiciste por ellos, y puedes hacerlo por nosotros. Permite que nuestra familia impacte a millones de niños".

En nuestra cocina en casa tenemos fotografías de algunos de los niños a los que apadrinamos mediante nuestro colaborador Visión Mundial. Cada vez que cenamos, cada vez que pasamos al lado, decimos: "Dios, permítenos marcar una diferencia más grande".

Estamos avanzando hacia ello. Puede que usted diga: "Bueno, Joel, yo no puedo ni siquiera imaginar que eso me suceda a mí. No puedo imaginar que yo pudiera ser tan bendecido". No se preocupe; no lo será. Si no tiene una visión para ello, no va a suceder. Sin una visión, no verá lo mejor de Dios. No será usted el ganador que Él quiere que sea.

Use el poder de su imaginación

Sé que algunas cosas sí parecen muy lejanas o muy improbables, pero no diga nunca: "No puedo imaginar eso". Ve a alguien realmente en forma y lleno de energía cuando usted está intentando volver a ponerse en forma, y puede que piense: "No puedo imaginar verme así". Puede que vaya conduciendo y pase al lado de una casa bonita, y diga: "No puedo imaginarme viviendo en este barrio". O puede que haya pensado: "No puedo imaginarme publicar un libro". "No puedo imaginarme ser dueño de mi propio negocio". "No puedo imaginarme ser así de exitoso".

¡Le digo que usted puede y lo hará!

El problema es que está siendo limitado por su propia imaginación. Tiene que cambiar lo que está viendo. No permita que pensamientos negativos pinten esas imágenes. Use su imaginación para verse a usted mismo logrando sueños, elevándose más alto, venciendo obstáculos, estando sano, fuerte, bendecido y próspero.

No digo esto de modo arrogante, pero puedo imaginar mis libros publicados en cada idioma, puedo imaginar a alguien entregándonos ese cheque por valor de cien millones de dólares. Puedo imaginarnos alimentando a un millón de niños cada día. Puedo imaginarme vivir una vida larga y saludable. Puedo imaginar a mis hijos superando cualquier cosa que nosotros hayamos hecho.

No sólo eso, sino que puedo imaginarle a usted cumpliendo sus sueños. Puedo imaginarle totalmente libre de deuda. Puedo imaginarle sano y fuerte. Puedo imaginarle dirigiendo su empresa. Puedo imaginarle bendiciendo al mundo, siendo alguien que hace historia, estableciendo un nuevo nivel para su familia. Ahora le estoy pidiendo no sólo que lo tenga en su imaginación, sino que también mantenga algo delante de su vista que le recuerde eso.

Un hombre al que conozco trabaja en el negocio del petróleo. Comenzó su empresa solamente con él mismo y un ayudante, pero creció cada vez más. Él siempre está en nuestras reuniones, dando honra a Dios, ofrendando, sirviendo y ayudando a otros. Su empresa se especializa en excavar para buscar petróleo. Él proporciona el personal y todo el equipo. Se pasaba todo su tiempo viajando de un lugar a otro haciendo prospectos en diferentes lugares.

Un día, vio a los empleados de un competidor subiendo a su propio avión. Ellos hacían lo que él mismo hacía en una fracción del tiempo. Dios dejó caer ese sueño en su corazón: que él podría tener un avión. Aquello estaba totalmente fuera de su alcance. Provenía de una familia que vivía de salario en salario, y apenas se las arreglaba para seguir adelante. Él ya había salido del molde.

> *Escuche lo que Dios le esté diciendo.*

Cuando sus familiares le oyeron hablar de tener un avión,

pensaron que se había vuelto loco. No podían imaginarlo, pero él sí podía. A veces, su familia no será su mayor animadora; puede que ellos no le alienten. Tiene usted que escuchar lo que Dios le esté diciendo y no lo que otras personas puede que le digan. Las personas intentarán apartarle del sueño que tiene en su corazón.

Mi amigo salió y compró una maqueta del avión que quería y la puso sobre su territorio. Entraban personas en su oficina y preguntaban: "¿Para qué es este avión?". Él les respondía: "Es mi avión. Eso es lo que voy a utilizar para viajar por el país".

Año tras año mantuvo ese avión delante de su vista. Un día, el competidor al que había visto volar de un lado a otro entró en su oficina. El viejo caballero dijo: "Me voy a jubilar, y me gustaría venderle mi avión".

Este hombre tenía un avión grande y bonito que tenía asientos para doce personas. Mi amigo no podía permitírselo. Él esperaba comprar un pequeño aeroplano de segunda mano con dos asientos. Dijo: "Agradezco la oferta, pero no tengo fondos para eso".

El competidor dijo: "Claro que los tiene. No tiene que poner ahora nada de dinero, tan sólo ocúpese de mis pagos mensuales y podrá tener el avión".

Mi amigo consiguió ese avión grande y bonito por una fracción de su valor, y en la actualidad viaja por todo el mundo. Su empresa ha despegado. Me dijo: "Joel, Dios ha hecho más de lo que yo nunca imaginé".

Cuando mantiene su visión delante de usted, su fe es liberada. Por eso la Escritura utiliza un lenguaje tan fuerte y dice que el pueblo se desenfrenada por falta de visión.

Eso significa que los sueños mueren cuando usted no tiene visión. Si no puede ver lo que Dios ha puesto en su corazón, entonces se perderá las cosas increíbles que Dios quiere hacer.

Ahora bien, puede que usted no necesite un avión, pero puede que necesite perder 30 libras (13 kilos). ¿Por qué no pone una fotografía de usted mismo pesando esas 30 libras menos en el espejo de su cuarto de baño? Cada día cuando la vea, no se deprima y piense: "Me gustaría seguir viéndome así. Me gustaría poder ponerme ese vestido".

En cambio, diga: "Señor, gracias porque voy a perder ese peso. Soy sano, fuerte, en forma, con energía y atractivo". Permita que esa nueva imagen eche raíces.

Puede que actualmente no esté usted tan sano, pero necesita tener algo delante de su vista que le diga que va a estar sano. Ponga por toda su casa fotografías de usted mismo cuando estaba sano y fuerte. Ponga versículos bíblicos; haga planes para hacer algunos viajes para ver a su familia. Apúntese a ese gimnasio al que quiere ir.

No se atreva a hacer planes de morir. Le necesitamos, así que haga planes de vivir. Mantenga la visión correcta delante de usted. Usted puede, ¡y lo hará!

En la Escritura, Dios prometió a Abraham que sería el padre de muchas naciones. En lo natural, eso era imposible, pues Abraham no tenía ningún hijo. Tenía ochenta años de edad. Pero Dios no sólo le dio la promesa; Dios le dio una imagen que mirar.

Dios dijo: "Abraham, sal y mira las estrellas; todos esos descendientes tendrás". He leído que hay seis mil estrellas en el cielo oriental donde él estaba. No es una coincidencia que haya seis mil promesas en la Escritura. Dios estaba diciendo: "Cada promesa para la cual puedas obtener una visión, yo haré que se cumpla".

Dios también le dijo que mirase los granos de arena en la playa, porque esa cantidad de familiares tendría. ¿Por qué le dio Dios una imagen? Dios sabía que habría momentos en que parecería que la promesa no se cumpliría, y Abraham sería desalentado y tentado a abandonar.

En esos momentos, Abraham saldría en la noche y levantaría su vista al cielo. Cuando viese las estrellas, la fe se avivaría en su corazón. Algo le diría: "Va a suceder, puedo verlo".

En la mañana, cuando sus pensamientos le dijeran: "Eres demasiado viejo, es demasiado tarde, entendiste mal a Dios", él descendería hasta la playa y miraría los granos de arena. Su fe sería restaurada.

Como Abraham, habrá veces en que parezca como si sus sueños no fueran a cumplirse. Está tomando demasiado tiempo. El informe médico no parece bueno. No tiene usted los recursos. Los negocios van lentos. Usted podría fácilmente abandonar.

Pero como Abraham, tiene que regresar a esa imagen. Mantenga esa visión delante de usted. Cuando vea la llave de su nueva casa, el traje para su bebé, los tenis para cuando tenga salud, el marco de fotografía para su cónyuge, el artículo que le inspira a construir un orfanato, esas imágenes de aquello que usted está soñando le mantendrán alentado.

Dios le está diciendo lo que le dijo a Abraham: "Si puedes verlo, entonces yo puedo hacerlo. Si tú tienes una visión para ello, entonces yo puedo abrir camino. Puedo abrir nuevas puertas. Puedo atraer a las personas correctas. Puedo darte las finanzas. Puedo romper las cadenas que te retienen".

Sus sueños encajarán en su lugar

Leí sobre un hombre llamado Conrad Hilton. Fue el fundador de los hoteles Hilton. Cuando era joven en la década de 1930, vio un artículo acerca del hotel Waldorf Astoria en la ciudad de Nueva York. El título del artículo decía que era el hotel más famoso del mundo. El artículo incluía grandes y bonitas fotografías.

Él nunca había visto nada parecido a ese hotel. Era grandioso, magnífico. Mientras leía el artículo, Dios puso en su corazón el sueño de algún día ser dueño de ese hotel. En lo natural parecía imposible, pues él apenas podía pagar su renta. No tenía ninguna conexión. La Depresión estaba llegando a su fin.

Conrad Hilton podría haber dicho: "Dios, tienes a la persona equivocada, yo no". En cambio, se atrevió a permitir que esa semilla echase raíces. Recortó la fotografía del grande y bonito Waldorf y la puso bajo el cristal de su escritorio. Cada día estuvo viendo esa fotografía durante un año, dos años, cinco años, diez años.

No parecía que su sueño fuese a cumplirse, pero él mantuvo esa visión delante de su vista. Cuando fue a la ciudad de Nueva York, caminó rodeando el hotel Waldorf Astoria y oró. Le dio gracias a Dios porque era de él, pero no se lo dijo a nadie; tan sólo dejó que el sueño echase raíz.

Dieciocho años después, su empresa pudo comprar

casi 250.000 acciones de Waldorf Corporation, y con ese trato, él se convirtió en el dueño del hotel más famoso del mundo. Amigo, lo que usted mantenga delante de su vista, hacia eso avanza.

> *Dios hará algo grande en su vida.*

Puede que piense que es demasiado tarde, que sus sueños son demasiado grandes o sus obstáculos demasiado difíciles, pero Dios sigue estando en el trono. Él sigue teniendo una manera de hacer que sucedan. Al igual que con el Sr. Hilton, Dios hará algo grande en su vida. Él liberará su favor de una manera nueva.

Lo que usted pensaba que había terminado y estaba hecho, aun así va a suceder. Cuando parezca imposible, totalmente lejos de su alcance, Dios repentinamente hará que las cosas encajen en su lugar, dándole favor, influencia y conexiones.

No deje de creer. Cada vez que ve su visión, avanza hacia ella. Dé gracias a Dios porque está en camino. Si hace eso, Dios agrandará el tamaño de aquello que usted sueña. Le llevará más adelante con más rapidez, abriendo puertas que ningún hombre puede cerrar, haciendo lo que la medicina no puede hacer.

Creo y declaro que todo sueño, toda promesa, toda meta que Dios puso en su corazón, Él hará que se cumpla.

CAPÍTULO 2

Corra su carrera

Siempre habrá personas que intentarán meterle en sus moldes y presionarle para que sea aquello que ellos quieren que usted sea. Puede que sean buenas personas; pueden tener buenas intenciones, pero el problema es que ellos no soplaron vida en usted. Ellos no le equiparon ni le capacitaron. Dios lo hizo.

Si ha de llegar a ser el ganador que fue usted creado para ser, necesita tener valentía. La segunda cualidad de un ganador es que corre su carrera del modo en que quiere correrla.

No puede ser usted inseguro y no puede preocuparse por lo que los demás piensen. No puede intentar mantener contento a todo el mundo. Si usted cambia con cada crítica y sigue la corriente a la gente, intentando ganarse su favor,

> *Usted está viviendo para agradar a Dios.*

se pasará la vida permitiendo que las personas le manipulen y le presionen para meterle en sus moldes.

Tiene que aceptar el hecho de que no puede mantener

feliz a todo el mundo. No puede lograr caerle bien a todo el mundo. Nunca se ganará a todos sus críticos. Incluso si usted cambiara e hiciera todo lo que los demás le pidieran, habría algunos que seguirían encontrando fallos. Usted no es realmente libre hasta que sea libre de intentar agradar a todo el mundo. Es usted respetuoso, amable, pero no está viviendo para agradar a la gente, está viviendo para agradar a Dios.

Cada mañana cuando se levante, debería examinar su corazón. Sepa en lo profundo de su ser que está siendo leal a lo que Dios le llamó a ser. Entonces no tendrá que mirar a la izquierda o a la derecha. Tan sólo manténgase enfocado en sus metas.

Si las personas no le entienden, eso está bien. Si algunos se ofenden porque usted no encaja en sus moldes, no se preocupe por eso. Si pierde algún amigo porque no permitió que esa persona le controlase, entonces de todos modos no le necesitaba, porque esa persona no era un verdadero amigo.

Si las personas hablan sobre usted, siendo celosas, críticas, intentando hacer que usted se vea mal, no permita que eso le cambie. Usted no necesita la aprobación de los demás cuando tiene la aprobación de Dios.

Si se libera de lo que los demás piensen y comienza a ser la persona que fue usted creada para ser, se elevará a un nuevo nivel. Pasamos demasiado tiempo intentando impresionar a las personas, intentando ganarnos su aprobación, preguntándonos qué van a pensar si aceptamos ese trabajo, si llevamos una nueva ropa, o si nos mudamos a un nuevo barrio.

En lugar de correr nuestra carrera, con frecuencia tomamos decisiones basándonos en cosas superficiales. He oído a alguien decir que a los veinte años nos preguntamos lo que todo el mundo piensa sobre nosotros, y a los cuarenta años no nos importa lo que nadie piense de nosotros. Después, a los sesenta, nos damos cuenta de que nadie estaba pensando en nosotros.

Sea fiel a la persona que Dios quiere que usted sea

Leí un interesante reporte de una enfermera que cuida a personas que están cerca de la muerte. Ella preguntó a cientos de pacientes que estaban a punto de morir cuáles eran sus mayores lamentos. El lamento número uno era: "Me gustaría haber sido fiel a quien yo era, y no sólo haber vivido para cumplir las expectativas de otros".

¿Cuántas personas hoy día no están siendo leales a quienes son debido a que tienen miedo a defraudar a alguien, a poder caer de su gracia, o a no ser aceptadas? Digo esto con respeto, pero no puede vivir la vida que Dios quería para usted si está intentando ser quien sus padres quieren que sea, quien sus amigos quieren que sea, o quien su jefe quiere que sea. Tiene que ser usted leal a la persona que Dios le hizo ser.

Cuando mi padre partió con el Señor, yo tuve que aceptar el hecho de que el propósito para mi vida era diferente al de mi padre. Su llamado era el de ayudar a derribar las paredes denominacionales entre iglesias, y él recorrió el mundo hablando a las personas sobre la plenitud del Espíritu.

Cuando yo me hice cargo de nuestra iglesia, sentí la presión de ser como mi padre, de encajar en el molde de él. Creía que tenía que ministrar como él y dirigir la iglesia como él, y recorrer el mismo camino. Pero cuando examiné mi corazón, en lo profundo de mi ser supe que mi llamado era plantar una semilla de esperanza, alentar a las personas, hacerles saber acerca de la bondad de Dios.

Fue una lucha, porque yo amaba a mi padre. Algunas personas habían estado en la iglesia durante cuarenta años. Yo pensaba: "No puedo ser diferente. ¿Qué pensará la gente? Puede que no me acepten, puede que no les guste". Pero un día leí una escritura acerca de David. Decía: "David cumplió el propósito de Dios para su generación".

Escuché a Dios decir directamente a mi corazón: "Joel, tu papá cumplió su propósito, ahora deja de intentar ser como él y ve adelante y cumple tu propósito". Cuando escuché eso, fue como si se encendiese una luz. Entendí: "No tengo que ser como mi padre. No tengo que encajar en cierto molde; está bien correr mi carrera. Soy libre para ser yo mismo".

Después de todo, Dios no quiere que sea usted un imitador de otra persona. Debería ser el original que fue creado para ser. Hay una unción sobre su vida, una capacitación. No para ser otra persona, sino para ser usted mismo. Si permite que las personas le hagan encajar en sus moldes y cede a las presiones para intentar agradar a sus críticos, eso no sólo le quita su singularidad, sino que también disminuye el favor sobre su vida.

Cuando nuestra iglesia comenzó a crecer y más personas comenzaron a observar, los críticos salieron a la superficie. Había personas que decían: "Él no es como su padre; no tiene la experiencia; es demasiado joven".

Incluso ahora, algunos dicen: "Él es demasiado de esto, o no es suficiente de aquello". Si usted cambia con cada crítica, no tendrá oportunidad alguna. Creo que una razón por la cual Dios me ha promovido se debe a que apagué todas las voces negativas y he hecho todo lo posible por mantenerme fiel a la persona que Dios me creó para ser.

No miro a la izquierda o a la derecha. Yo corro mi carrera. No intento competir con ninguna otra persona; no permito que las personas me controlen ni voy por ahí sintiéndome culpable porque no encajo en sus moldes. No me ofendo porque se diga algo negativo sobre mí. Miro hacia adelante y, como dijo el apóstol Pablo, corro con propósito en cada paso.

Corra con un propósito

Aprendí temprano que para agradar a Dios puede que tenga que desagradar a algunas personas. Hubo varios miembros que habían estado en la iglesia durante mucho tiempo, amigos de la familia durante años, que se molestaron porque yo no era exactamente como mi padre. No permití que ellos me hicieran encajar en su molde, así que se fueron de nuestra iglesia.

> *Ame la alabanza de Dios.*

Aquello fue difícil para mí. Yo quería su aprobación,

pero al mirar atrás ahora, entiendo que si les hubiera dejado que me presionaran para ser quienes ellos querían que yo fuese, no estaría aquí hoy.

La Escritura habla de aquellos que amaban la alabanza de los hombres más que la alabanza de Dios. Una de las pruebas que todos tenemos que pasar es cuando alguien en nuestra vida a quien respetamos y admiramos, ya sea un jefe, un amigo, un colega o un familiar, quiere que vayamos en una dirección cuando nosotros sabemos en nuestro corazón que deberíamos tomar otro camino.

No queremos herir sus sentimientos, y no queremos perder su amistad. Queremos su aprobación, pero si hemos de cumplir nuestro destino, tenemos que ser fuertes. Tenemos que tener esta actitud: "Quiero la alabanza de Dios más que la alabanza de los hombres. Tengo una tarea. Tengo un propósito. Llegaré a ser la persona que Dios me creó para que fuese".

He aprendido que si agradamos a Dios y nos mantenemos fieles a lo que Él ha puesto en nuestro corazón, finalmente tendremos la alabanza de los hombres. El favor de Dios, su unción, su bendición, nos harán sobresalir.

Puede que al principio pierda algunas amistades. Puede que las personas no entiendan por qué no acepta usted sus consejos. Puede que piensen que está cometiendo un gran error, pero más adelante le verán caminando en la plenitud de su destino.

Usted verá nuevas oportunidades, nuevas relaciones. El favor de Dios sobre su vida aumentará si deja de preocuparse por lo que todo el mundo piensa y hace lo que Dios haya puesto en su corazón.

Todos tienen una opinión. Las personas le dirán cómo llevar su vida; tendrán opiniones sobre lo que usted debería ponerse, qué auto debería conducir, cómo debería gastar su dinero o cómo debería educar a sus hijos.

Si intenta agradar a todo el mundo, puedo garantizarle una cosa al cien por ciento: estará confundido; estará frustrado. La vida será desgraciada.

Yo vivo según este lema: todo el mundo tiene derecho a una opinión, y yo tengo derecho a no escucharla. Si lo que otros dicen no encaja con lo que Dios ha puesto en su corazón, deje que le entre por un oído y le salga por el otro.

Escuché sobre un hombre que cayó en un pozo, y mientras estaba abajo hubo varias personas que pasaron por allí y le dieron sus opiniones.

El fariseo dijo: "Se merece estar en el pozo".

El católico dijo: "Necesita sufrir mientras esté en el pozo".

El bautista dijo: "Si hubiera sido salvo, no habría caído en el pozo".

El carismático dijo: "Sólo confiese que no está en el pozo".

El matemático dijo: "Deje que calcule cómo cayó en el pozo".

El inspector de Hacienda dijo: "¿Ha pagado sus impuestos en ese pozo?".

El optimista dijo: "Las cosas podrían ser peores".

El pesimista dijo: "Las cosas podrían empeorar".

Todo el mundo tiene una opinión. Si intenta hacer feliz a cada persona, la única persona que no será feliz es usted mismo. A veces, quienes intentan dirigir su vida y decirle qué tiene que hacer ni siquiera pueden dirigir sus propias vidas, y mucho menos la de usted.

Está bien escuchar opiniones. Es estupendo recibir consejos, pero tiene que estar bien seguro de la persona que Dios hizo que usted fuera, de modo que cuando algo no dé testimonio a su espíritu, tenga la valentía que dice: "Gracias, pero no, gracias. Agradezco su consejo, valoro su opinión, pero eso no es para mí".

Tiene que estar especialmente atento a las personas que necesitan un alto mantenimiento. Esas personas son casi imposibles de agradar. Hay que llamarlas según su horario, mantenerlas contentas, hacer recados para ellas y cumplir con sus demandas. Si no se hace, se molestan y se decepcionan. Y harán todo lo que puedan para hacer que otros se sientan culpables.

Las personas de alto mantenimiento son casi siempre controladoras. Si no tiene cuidado, le harán encajar en su molde. No están interesadas en usted; están interesadas en lo que usted puede hacer por ellas.

Si cae en la trampa de intentar siempre agradarles, se agotará y constantemente se sentirá frustrado. Hace años, hice todo lo posible para ayudar a una pareja de la que éramos amigos. Ellos se mudaron a otra ciudad, y yo les di dinero para ayudarles en la mudanza. Les llamaba para ver cómo estaban. Si necesitaban algo, yo siempre estaba a su disposición.

Aún así, yo sentía que ellos pensaban que nunca hacía lo suficiente. Nunca estaban satisfechos, y siempre tenían una queja. Yo había hecho un esfuerzo para ser amable y generoso, pero ellos constantemente encontraban errores e intentaban hacer que me sintiera culpable.

Un día, me di cuenta de que ellos tan sólo eran personas de alto mantenimiento y que yo no era el responsable de hacerles sentir felices. Yo no podía lograr caerles bien. Tenía que correr mi carrera y no permitir que ellos me robaran el gozo. ¡Aquel fue un gran día en mi vida!

Su tiempo es demasiado valioso para preocuparse por agradar a los demás o hacerles felices. Conozco a personas que pasan más tiempo preocupándose por lo que otros pensarán de ellos del que pasan enfocándose en sus propios sueños y metas. Tiene que ser usted libre de eso.

Si quiere hacer algo grande en la vida, si quiere ser un gran maestro, una gran persona de negocios, un gran atleta, un gran padre o madre, y un gran ganador, no todo el mundo le animará. Me encantaría decirle que toda su familia, amigos y compañeros de trabajo le celebrarán, pero desgraciadamente no es ese el caso.

Algunos no serán capaces de manejar el éxito que usted tiene. Si se queda donde estaba hace diez años, ellos no tendrían ningún problema con usted. Pero a medida que tiene éxito, cuando Dios derrama su favor, algunos se sentirán celosos. Algunos encontrarán fallos.

No se sorprenda si algún familiar intenta desacreditarle, menospreciarle o hacer que lo pase mal, o quizá un amigo que ha sido bueno durante años, no le entenderá. Deje que eso se escurra como agua sobre el lomo de un pato. Si no lo hace, entonces comenzará usted a cambiar, a estar a la defensiva, creyendo que tiene que demostrarles que las cosas están bien. Lo que está haciendo es permitir que le metan en sus moldes.

Su destino es demasiado grande para que se distraiga intentando ganarse a personas a las que de todos modos nunca les caerá bien usted. No lo tome de modo personal. No se trata de usted. Se trata del favor que Dios puso sobre su vida, y eso aviva los celos en ellos.

> *Su destino es demasiado grande para distraerse.*

Hasta que ellos aborden eso, nada de lo que usted pueda hacer lo cambiará. Bien podría sacudírselo y correr su carrera, porque a pesar de lo bueno que sea usted con ellos, seguirán encontrando fallos. A pesar de lo mucho que intente mostrarles bondad, seguirán encontrando alguna razón para ser críticos.

Es como ese abuelo del campo del que oí y que llevó a su nieto a la ciudad sobre un burro. Él comenzó dejando que su nieto montase en el burro mientras él caminaba a su lado. Alguien pasó por su lado y dijo: "Vaya muchacho egoísta que hace que ese anciano vaya caminando".

El abuelo lo escuchó e hizo bajar al muchacho. Entonces se subió al burro mientras su nieto caminaba a su lado. Alguien pasó al lado de ellos y dijo: "Vaya hombre, que hace que el muchacho camine mientras él va montado en el burro".

Al oír eso, el abuelo subió al pequeño con él, y los dos siguieron montados en el burro. Unos minutos después, otra persona dijo: "Qué crueldad por parte de ustedes que pongan una carga tan pesada sobre el burro".

Cuando llegaron a la ciudad, ¡el abuelo y el nieto eran quienes cargaban al burro!

El punto es que independientemente de lo que usted haga, nunca agradará a todo el mundo. Bien puede aceptar el hecho de que incluso cuando haga lo mejor que pueda, alguien encontrará algún fallo en usted, y eso está bien. Los demás tienen derecho a tener sus opiniones, y usted tiene derecho a ignorarlas.

Tome el control de su felicidad

Hay demasiadas personas que sacrifican su propia felicidad para mantener feliz a otra persona. Tienen que detenerse en casa de un amigo y saludar, porque no quieren molestar a ese amigo. Se quedan hasta tarde en la oficina porque, si no lo hacen, puede que su jefe se sienta infeliz. Tienen que prestar dinero a ese amigo, porque el amigo vuelve a tener problemas. Si no cumplen con todas las demandas y ayudan a esa persona, rescatan a la otra persona, resuelven los problemas de aquella persona, entonces caerán de la gracia de alguna persona, y ese alguien no lo entenderá y se ofenderá.

Pero Dios no le llamó a hacer feliz a todo el mundo. Es bueno ser amable, bondadoso y generoso, pero usted no es responsable de la felicidad de los demás. Es usted responsable de su propia felicidad.

Puede que sienta que si no cumple con todas sus demandas y necesidades, si no los rescata o les presta dinero, entonces ellos se enojarán con usted.

Pero si ese es el caso, quizá sea momento de que ellos

sean infelices en lugar de usted. Si se enojan, realmente no son amigos, sino manipuladores. Puede que le estén utilizando a usted.

Su tiempo es demasiado valioso para pasar la vida permitiendo a las personas controlarle y haciendo que se sienta culpable si no sale corriendo cada vez que ellos llaman. Lo fácil es sencillamente ceder y seguir rescatándolos, de modo que usted no cause ninguna conmoción.

Pero mientras les siga rescatando y esté usted ahí para animarles y arreglar sus problemas, en realidad no les está ayudando. Es usted una muletilla. Debido a usted, ellos no tienen que abordar los verdaderos problemas. Usted está permitiendo que sigan en su disfunción.

La única manera de que esas personas dependientes obtengan la ayuda que necesitan es que usted deje de ser su muletilla. No salga corriendo cada vez que ellos tienen una "emergencia".

Póngase firme y diga: "Te amo, pero no voy a permitir que me controles. Te amo, pero no voy a salir corriendo cada vez que llames. Te amo, pero me niego a sentirme culpable si no cumplo con todas tus demandas".

Si las personas le están controlando, no es culpa de ellas, es culpa de usted. Tiene que establecer ciertos límites. Deje de permitirles que le llamen a cualquier hora del día para volcar sus problemas sobre usted. ¡Por eso tenemos mensajes de voz!

Deje de ceder ante ellos cada vez que tienen una rabieta. Ignórelo. Deje de prestarles dinero cada vez que toman malas decisiones. No acepte un falso sentimiento de responsabilidad. No es usted el salvador del mundo. Ya tenemos un Salvador. Usted no ha de mantener feliz o en orden a todo el mundo. Si acepta esa tarea, la persona que no será feliz es usted.

Hace años, conocí a un hombre que siempre tenía problemas para pagar su renta. Mi corazón sintió compasión de él, y le ayudé una y otra vez. Cada dos meses él afirmaba que había surgido algo que evitaba que pudiera pagar. Después de la quinta petición de dinero de emergencia para pagar su renta, comencé a pensar un poco.

Él me decía que un cliente no le había pagado. Me decía que el cheque estaba en el correo pero que no había llegado. También afirmaba que una relación estaba muy mal y le habían llamado y tuvo que salir de la ciudad. Sus excusas no se agotaban.

Al final de otra larga y triste historia, dijo. "Ahora ¿qué vamos a hacer?".

Yo pensé: "No vamos a hacer nada porque este no es mi problema. Es su problema, y no voy a sentirme culpable porque siga tomando malas decisiones".

Creo que aún seguiría ayudándole cinco años después si no me hubiera mantenido firme. Cuando usted se niega a seguir ayudando a personas así, les fuerza a mirar en su interior y hacerse responsables. Muchas veces hacemos cosas por culpabilidad, porque pensamos que nos sentiremos mal si no ayudamos a personas demasiado dependientes o manipuladoras.

Pero si ellos no toman la responsabilidad de sus propias vidas, entonces no les está usted ayudando, sino haciéndoles daño. Necesitan tratar sus propios problemas, como la mayoría de personas. Cuando usted se retire, eso les obligará a cambiar.

No se mueva como una marioneta

He aprendido a reconocer que algunas personas siempre tienen crisis. Cada pocos días tienen una emergencia o están en desesperada necesidad de algo. Es bueno ayudar a las personas que tienen una necesidad verdadera, pero si alguien acude a usted una decena de veces, o año tras año, y parece que las emergencias nunca terminan, necesita usted reconocer que puede que esa persona le esté manipulando.

Es como si usted fuese su marioneta. Ellos saben que si tiran de una cuerda usted se sentirá culpable, si tiran de otra, usted les rescatará, o de otra, y usted se quedará hasta tarde y hará por ellos un trabajo un proyecto escolar.

Si alguien le está moviendo como una marioneta, es momento de cortar las cuerdas. No permita que le hagan sentirse culpable. No permita tener que ir corriendo. Puede que sienta que perderá su amistad si se niega a ayudarles, pero ese sentimiento es su llamada de atención. Dios acaba de suplir su necesidad; acaba de cerrar esa puerta para usted.

> *Hágase feliz a usted mismo.*

La verdad es que si alguien se ofende porque usted no cumplió con demandas irrazonables, entonces esa persona no es su amigo. Esa persona es un manipulador. Cuanto antes sea usted libre, mejor le irá.

¿Está haciendo demasiadas cosas por otras personas y no lo suficiente por usted mismo? ¿Es usted tan bondadoso de corazón que está sacrificando su propia felicidad para hacer felices a todos los que le rodean? Entienda lo siguiente: su primera prioridad es hacerse feliz a usted mismo.

Si usted está dando todo el tiempo y no está recibiendo nada a cambio, entonces necesita examinar sus relaciones, pues están desequilibradas. No tendría que cumplir constantemente con las demandas y necesidades de sus amigos por temor a ser rechazado por ellos. Debería ser capaz de decirles no sin sentirse culpable.

Si ellos le tratan con frialdad y no le hablan, entonces no son realmente amigos, sino manipuladores. Cuanto antes haga usted un cambio, mejor estará.

No malgaste veinte años siguiendo la corriente a las personas, intentando cumplir todas sus demandas, cuando lo cierto es que ellas no están interesadas en usted, sino en lo que usted puede hacer por ellas.

Lo mejor que puede hacer es cortar las cuerdas de la marioneta. Usted no tiene tiempo para juegos, para enredarse o para distraerse intentando hacer feliz a todo el mundo. Tiene usted un destino que cumplir. Sea valiente, tome las riendas de su vida y siga los sueños que Dios ha puesto en su corazón.

Cuando yo era pequeño, mi abuelo compraba un nuevo auto cada dos años, y regalaba su viejo auto a uno de sus nietos. Él era muy generoso. Cuando estaba en secundaria, él me regaló su Buick LeSabre. Un amigo mío del equipo de baloncesto también tenía un auto. Decidimos compartir. Yo le recogía para ir a la escuela una semana y después él me recogía a mí la semana siguiente. Él vivía a quince minutos en dirección opuesta a la escuela.

Yo tenía que ir a recogerle y volver, pero no me importaba. Yo conducía una semana, y él otra. Lo hicimos de esta forma durante un mes aproximadamente sin ningún problema, pero entonces su auto se estropeó una semana, y yo tuve que conducir otra vez. Tuve que hacerme cargo de otra de las semanas que a él le tocaba porque su hermano necesitaba el auto. Entonces surgió algo y él se saltó otra semana. Llegamos al punto en que yo conducía todas las semanas. A mí realmente no me importaba, pero él no era muy agradecido; actuaba como si yo se lo debiera.

Un día me armé de valor y le pregunté si pensaba volver a conducir algún día. Me contó que estaba intentando mantener bajo el contador de kilómetros de su auto, y básicamente que yo necesitaba seguir recogiéndole. Actuaba como si me estuviera haciendo un favor al dejarle montar en mi auto.

Yo hice lo que le estoy pidiendo a usted que haga. Mantuve una gran sonrisa, y muy educadamente le dije que ya no podría seguir recogiéndole. Usted hubiera pensado que le dije que su vida se acababa. Me dio una gran charla haciéndome sentir culpable y me hizo sentir que era una persona egoísta. Apenas me habló después de eso.

Yo pensé: "Por mí está bien. Si sólo eres mi amigo si cumplo con tu demandas y te sirvo en todas tus necesidades, entonces hasta luego. No necesito amigos así. Ve a encontrar a otro a quien puedas controlar, porque a mí no me controlarás".

No me importa ser bueno con las personas, pero sí me molesta ser usado.

Si usted lo permite, habrá personas que arruinen su vida.

Le dirán qué hacer, dónde ir, cómo vestir y como gastar su dinero. Es bueno liberarse de adicciones, de ansiedad y de depresión, pero una de las libertades más grandes es liberarse de las personas controladoras.

Deje de permitir que otros le presionen a ser algo que usted no es. Deje de andar con pies de plomo porque no quiere perder su favor. Deje de sentir miedo a que si no actúa perfectamente (llamarles cuando se lo pidan, ir corriendo cuando le llamen) se molestarán. Este es mi mensaje: deje que se molesten. Si pasa usted su vida intentando agradar a todos y dejando que le controlen, ellos podrán estar contentos pero usted acabará perdiéndose su destino. Yo prefiero agradar a Dios y tener a algunas personas molestas conmigo que agradar a la gente y tener a Dios molesto conmigo.

He aprendido a tener especial cuidado con las personas que necesitan un alto mantenimiento y siempre necesitan algo. Debe estar usted disponible para ellos todas las horas del día, siete días por semana, llamarles a cierta hora, elogiarles, mantenerles animados y hacer sus recados. Si no lo hace, sus sentimientos se dañarán e intentarán hacerle sentir a usted culpable. Cuanto más haga por ellos, más esperarán que haga.

Hágase un favor a usted mismo y no se desgaste intentando agradarles. Es imposible mantener contentas a las personas que necesitan un mantenimiento alto. Si usted cae en su trampa, no harán otra cosa que frustrarle.

Vuele con aquellos que le elevan y le impulsan hacia delante

Un piloto amigo mío me dijo que hay cuatro principios básicos que hay que dominar cuando se maneja un avión: elevación, propulsión, peso y resistencia. Se deben tomar en cuenta todos estos principios para asegurarse de que el avión vuele.

Me sorprendió que estos mismos principios se pueden aplicar a cierto tipo de personas. Hay algunos que le elevan, le alegran el día, le animan y le hacen sentir mejor con usted mismo. Cuando les ve, tiene usted brío en su caminar. Son como un empujón. Después están las personas que le propulsan. Le inspiran, motivan, y le animan a seguir caminando y alcanzar sus sueños. Son lo opuesto a quienes son como un gran peso. Le menosprecian, le echan todos sus problemas encima, y al final se va sintiéndose más pesado, negativo, desanimado, y peor de lo que estaba.

Finalmente, están aquellos que son una resistencia. Siempre tienen una canción triste. Se rompió el lavavajillas. Se murió el pez. No les invitaron a una fiesta. Están atascados en un pozo. Ellos esperan que usted les anime, arregle sus problemas y lleve sus cargas.

Todos nos encontramos con personas de cada uno de estos cuatro grupos. Tiene que asegurarse de pasar la mayor parte de su tiempo con sustentadores y propulsores. Si sólo está pasando tiempo con pesos y resistencias, eso evitará que llegue a ser todo lo que fue creado para ser.

Algunas personas tienen un problema perpetuo. Siempre tienen una canción triste. Si usted se lo permite, le usarán como papelera para echar toda su basura. Pasa una hora con ellos y siente que ha corrido una maratón. Son ladrones de energía. Termina de estar con ellos y se siente drenado y agotado.

No puede seguir lidiando con ellos día tras día si espera alcanzar su máximo potencial. No despegará. No se propulsará hacia delante a las cosas buenas que Dios tiene preparadas si está aplastado por el peso, permitiendo que la gente eche sus cargas sobre usted. Le harán sentir desanimado y le quitarán sus fuerzas, porque sentirá la necesidad de arreglarles o alegrarles.

Es suficientemente difícil de por sí mantenerse uno mismo alegre. Usted no es responsable de la felicidad de los demás. Sí, hay veces en que necesitamos plantar una semilla y escuchar, y tomarnos un tiempo para amar a las personas hasta que vuelvan a estar sanas; pero eso debería ser durante un periodo, y no un drama perpetuo. Usted no debería tener que pasar cada día escuchando las quejas de sus amigos acerca de sus cónyuges o sus vecinos. No debería tener que sacarlos del basurero todo el tiempo.

Seguro que no quiere que su vida sea como un episodio de *Corazón salvaje*, *María la del barrio*, y *Los ricos también lloran* todo junto. Ya tiene suficiente drama en su vida sin escuchar el drama de todos los demás. No puede permitir que alguien ponga esa negatividad en usted día tras día si espera volar.

Debe evaluar a las personas con las que está pasando tiempo. ¿Son propulsores y animadores? ¿Le hacen sentir mejor? ¿Abandona su compañía sintiéndose inspirado y contento, o le están desanimando, haciéndole sentir drenado, y quitando su energía?

<table>
<tr><td>*Busque animadores en su vida.*</td></tr>
</table>

Cuando yo tenía alrededor de veinte años, me cortaba el cabello una mujer joven. Era todo lo amable que se puede ser. Tenía un buen corazón, pero era muy negativa. Cada vez que iba, me contaba todos sus problemas. Eso continuó mes tras mes y año tras año. Ella decía que los dueños de la tienda no le trataban bien y la hacían trabajar horas extra. También se quejaba de una hermana que le estaba causando problemas. Decía que no sabía si podía pagar su renta, y que su padre no estaba bien.

Cada vez que me iba de la tienda me sentía deprimido. Ella era muy convincente. Hice lo mejor que pude para animarla, y oré con ella. Le di dinero. Le mandé clientes. Pero nunca era suficiente.

Un día, me di cuenta de lo que le estoy diciendo ahora: "No puedo llegar donde voy con ella en mi vida. La quiero. Oraré por ella, pero no puedo cumplir mi destino con esa carga o esa resistencia sobre mí un mes tras otro".

Hice un cambio. Fue difícil, porque no me gusta herir los sentimientos, pero me di cuenta de que mi tarea es demasiado importante y mi tiempo demasiado valioso como para dejar que la gente me menosprecie.

Puede que tenga que hacer cambios en su lugar de negocio, donde juega a algún deporte o en su gimnasio. Puede que tenga que cambiar la llamada telefónica que conteste. No debería pasar una hora en el teléfono cada noche escuchando las quejas de los demás o escuchando sus canciones tristes. Ponga fin a eso. Sea amable y respetuoso, pero no necesita ese peso sobre usted.

Necesita estar alrededor de impulsores y propulsores, gente que le inspira y le motiva. Por eso muchos se sienten atraídos hacia nuestro ministerio. Ya hay suficientes pesos y resistencias. Yo le voy a impulsar hacia delante. Si se acerca a mí, yo le elevaré, le animaré y le inspiraré. Voy a hacer todo lo que pueda para dejarle mejor de lo que estaba.

Puede que usted trabaje cerca de personas que son una resistencia. No tiene elección. O puede que vaya a la escuela con personas que son un peso. Son negativas y amargas. Esta es la clave: antes de salir de su casa ore, alabe y anímese.

Mentalícese de que va a ser un gran día. No puede entrar en ese ambiente negativo en posición neutral. Debe entrar lleno, animado. No vaya con la guardia baja, estresado por el tráfico, preocupado por la fecha límite, o escuchando noticias deprimentes.

Si no está a la ofensiva, entonces los pesos y las resistencias le desanimarán. Puede que tenga un camino de veinte minutos al trabajo o a la escuela, así que póngase buena música de alabanza. Edifique su hombre espiritual. Construya una actitud agradecida. Dé gracias a Dios por lo que Él ha hecho. Ponga un buen DVD de enseñanzas, algo que le inspire y le motive. Háblese a usted mismo de la forma correcta: "Este va ser un gran día. Soy fuerte en el Señor. Tengo el favor de Dios. Puedo hacer todo por medio de Cristo. Algo bueno me va a pasar".

Así es como se mantendrá fuerte y no dejará que el peso

y las resistencias le echen abajo. Debe construir una barrera de resistencia.

¿Qué pasa si vive usted con alguien que es un peso? A lo mejor está casado con un peso o con una resistencia. ¡Ahora estoy siendo práctico! Debe hacer lo mismo: tomar dosis extra de alabanza, ánimo e inspiración. Manténgase lleno.

Mientras ellos cambian, no permita que le roben el gozo. Algunas personas no quieren ser felices, y vivir con ellas es como vivir en un tormento. Usted debe tener la actitud que dice: "Si no quieres ser feliz, está bien, pero no vas a impedirme ser feliz a mí. Si quieres mantenerte en el pozo, esa es tu decisión, pero yo no me meteré al pozo contigo".

Tome responsabilidad de su propia felicidad. No permita que los problemas de otros le amarguen la vida. Ore por ellos, sea respetuoso, pero no se vuelva codependiente. No permita que los problemas de ellos se conviertan en sus problemas. No permita que ellos le impidan cumplir su destino. Es tiempo de liberarse.

¿Hay algo que no le permite ser feliz? ¿Está permitiendo que alguien le controle o le haga sentir culpable si no cumple sus demandas? Corte las cuerdas de la marioneta. Establezca límites. No se pierda su destino intentando agradar a todos.

Dios no le llamó a ser infeliz. Él no quiere que malgaste su vida intentando mantener contenta a otra persona. Sea amable. Sea compasivo, pero corra su propia carrera. Recuerde: no necesita la aprobación de nadie si tiene la aprobación de Dios.

Esté tan seguro de sí mismo en cuanto a quién es usted

que no tenga que vivir para agradar a la gente. Siempre y cuando esté haciendo lo que Dios ha puesto su corazón, no necesita mirar a la derecha o a la izquierda. Manténgase enfocado en sus metas, y Dios le llevará hasta donde tiene que estar. Entonces, usted se convertirá en todo lo que Él le ha creado para ser. Usted puede y lo hará.

CAPÍTULO 3

Espere cosas buenas y recuerde lo bueno

Nuestras expectativas establecen los límites para nuestras vidas. Si usted espera poco, recibirá poco. Si no espera que las cosas mejoren, entonces no mejorarán. Pero si espera más favor, más cosas buenas, un ascenso y un aumento, entonces usted verá nuevos niveles de favor y éxito.

Cada mañana cuando se despierte, debería declarar: "Algo bueno me va a pasar

Espere más favor.

hoy". Usted debe establecer el tono al comienzo de cada día. Entonces, durante todo el día debería tener esta actitud de estar expectante.

Igual que un niño pequeño que espera para abrir un regalo, usted debería estar atento, pensando: "No puedo esperar para ver qué pasará"; no pasivamente, sino esperando activamente.

Demasiadas personas van casi arrastrándose, pensando: "Nunca me pasa nada bueno". En vez de eso, empiece a buscar cosas buenas. Espere estar en el sitio correcto en el momento correcto. Espere que sus sueños se cumplan. Espere ser un ganador.

No entre a una habitación pensando que no le caerá bien a la gente. No entre a la tienda creyendo que no encontrará lo que necesita. No haga una entrevista de trabajo suponiendo que no le darán el empleo. Sus expectativas son su fe en acción. Cuando usted anticipa cosas buenas (por ejemplo, pensar que caerá bien a la gente, o esperar tener un buen año), entonces usted está desatando su fe. Eso es lo que permite que sucedan cosas buenas.

Pero sus expectativas trabajan en las dos direcciones. Si se levanta por la mañana y espera que sea un día aburrido, no espera cosas buenas, y espera que la gente sea antipática, entonces eso es lo que experimentará. Su fe está funcionando, el problema es que usted la está usando en la dirección equivocada.

Actualice sus expectativas

Un joven me contó que estaba preocupado respecto a hacer sus exámenes finales. Había estudiado y se había preparado, pero estaba muy preocupado porque cada vez que hacía un examen importante, se estresaba y no recordaba lo que había estudiado. Siempre acababa haciendo un pésimo trabajo.

"Joel, podría orar por mí, porque sé que va a pasar otra vez", dijo.

Él ya estaba esperando fracasar. Yo compartí con él este principio y le dije que estaba anticipando las cosas incorrectas. Le dije: "Tienes que cambiar tus expectativas.

Durante todo el día, di para ti mismo: 'Voy a hacer un trabajo excelente en este examen. Voy a recordar todo lo que he estudiado. Voy a estar calmado y en paz'".

Algunas semanas después, volvió y dijo que le había ido mucho mejor que en cualquier otro examen anterior.

Permítame preguntarle: ¿qué está esperando? ¿Cosas grandes, cosas pequeñas, o nada en absoluto? Es fácil anticipar lo peor. Pero si lo mira desde el punto de vista de la fe y espera lo mejor (sobresalir, cumplir sus sueños), entonces usted atraerá bendiciones y favor.

Algunas personas han tenido una mentalidad negativa durante tanto tiempo, que ya ni siquiera se dan cuenta de ello. Es natural para ellos. Suponen lo peor, y normalmente eso es lo que consiguen. Esperan que las personas sean antipáticas, y normalmente las personas lo son.

Conozco a una señora que ha pasado por muchas cosas negativas en su vida, y era como si ella estuviera en piloto automático. Esperaba que las personas le hicieran daño, y normalmente lo hacían. Esperaba que las personas fueran deshonestas, y normalmente lo eran. Esperaba ser despedida de su trabajo, y finalmente lo fue.

Sus expectativas atraían todo lo negativo. Un día aprendió este principio y comenzó a anticipar cosas diferentes. Esperaba lo mejor en vez de lo peor. Esperaba cosas buenas. Esperaba caerle bien a la gente. Hoy día, su situación ha cambiado por completo. Ella está viviendo una vida victoriosa.

Puede que usted haya tenido decepciones y situaciones injustas, pero no cometa el error de vivir con una mentalidad negativa. En lugar de esperar más de lo mismo, comience a esperar que todo cambiará. No piense que apenas sobrevivirá; esté seguro de que tendrá éxito. No espere ser derrotado; espere ser el victorioso.

Puede que no siempre tenga ganas de ello, pero cuando se levante cada mañana necesita recordarse a usted mismo que es más que vencedor. Sus victorias más grandes están aún delante de usted. La gente correcta, las oportunidades correctas, las cosas correctas, están ya en su futuro porque es usted un ganador. ¡Usted puede y lo hará!

Ahora salga y esté entusiasmado con respecto al día, esperando que las cosas cambien su favor. Su actitud debería ser: "Estoy esperando cosas buenas, conocer a las personas correctas, ver un incremento en el negocio, volver a encarrilar a mi hijo, y que mi salud mejore. Anticipo que estaré en el lugar adecuado en el momento adecuado".

No permita que las expectativas negativas limiten su vida

Un joven me dijo: "No quiero anticipar demasiado. Así, si no pasa, no me iré a la cama decepcionado".

Esa no es forma de vivir. Si no está esperando aumento, promoción o cosas buenas, no está desatando su fe. La fe es lo que hace que Dios actúe. Si usted espera un avance y no sucede, no se vaya a la cama decepcionado. Váyase a la cama sabiendo que está un día más cerca de verlo cumplirse. Levántese a la mañana siguiente y hágalo de nuevo.

Los ganadores desarrollan esta tercera innegable cualidad de esperar cosas buenas. No puede usted estar en posición neutral y esperar alcanzar su máximo potencial o conseguir lo mejor de Dios. No es suficiente con no anticipar algo malo; tiene que esperar agresivamente cosas buenas. ¿Está esperando que sus sueños se cumplan? ¿Cree que este año será mejor que el pasado? ¿Va usted a vivir una vida larga, sana y bendecida? Preste atención a lo que está esperando. Quizá tiene el deseo de casarse. No vaya pensando: "Nunca conoceré a nadie. Ha pasado mucho tiempo, y me estoy haciendo demasiado mayor". En vez de eso, espere estar en el lugar oportuno en el momento oportuno.

Crea que habrá conexiones divinas que se crucen en su camino. Crea que la persona adecuada se sentirá atraída por usted.

"¿Qué pasa si hago eso y no pasa nada?".

¿Y si lo hace y sí pasa algo? Le puedo decir que nada ocurrirá si usted no cree.

David dijo en los Salmos: "Ciertamente el bien y la misericordia me seguirán todos los días de mi vida". En el pasado puede que haya tenido decepciones y obstáculos siguiéndole, pero necesita soltar lo que no funcionó. Suelte cada error, y deje ir todos los fracasos.

Espere que el bien y la misericordia le seguirán donde-quiera que vaya. Es bueno alguna vez mirar atrás y decir: "Eh, bien. Eh, misericordia. ¿Cómo van por ahí atrás?".

Algunas personas no se dan cuenta de que siempre están esperando el siguiente desastre, esperando el

> *El bien y la misericordia le seguirán.*

siguiente fracaso, o esperando el siguiente mal paso. Cambie lo que está esperando. Comience a esperar el bien, la misericordia, favor, incremento y promoción. Estas son las cosas que deberían seguirle.

Una de las definiciones de la esperanza es "anticipación gozosa de algo bueno". Si usted está anticipando algo bueno, eso le traerá gozo. Le dará entusiasmo. Cuando usted espera que sus sueños se cumplan, saldrá cada día con un caminar ligero. Pero si no está anticipando nada bueno, entonces se arrastrará por la vida sin ninguna pasión.

No digo esto arrogantemente, pero espero caer bien a la gente. Puede que sea ingenuo, pero si lo soy, hágame un favor y déjeme seguir en mi ignorancia. Cuando voy a algún sitio, no tengo muchos muros a mi alrededor. No soy defensivo, inseguro, intimidado, o pienso: "No les voy a gustar. Seguramente estén hablando de mí ahora".

Yo espero que la gente sea amigable. Yo creo que cuando las personas sintonizan mi programa de televisión, no pueden apagarlo. Creo que cuando las personas vean mi libro en las tiendas, se sentirán atraídos a él.

Estoy hablando de tener una actitud de esperar cosas buenas. Necesita sacar su *anticipador*. Puede que no lo haya usado durante seis años. Necesita comenzar a esperar cosas más grandes.

Hay nuevas montañas que escalar, y nuevos horizontes que explorar. Espere elevarse más alto. Espere superar cada obstáculo. Espere que las puertas se abran. Espere favor en el trabajo, favor en la casa, favor en el supermercado, y favor en sus relaciones.

Recuerde lo bueno

Cuando usted ha pasado por dolor, decepciones y fracasos, debe guardar su mente. Tenga cuidado con lo que permite que se reproduzca en sus pensamientos durante todo el día. Su memoria es muy poderosa.

Usted puede estar conduciendo su auto y recordar un momento tierno con su hijo. Puede que haya pasado hace cinco años: un abrazo, un beso, o algo divertido que él hizo. Pero cuando usted recuerda el momento, una sonrisa aparece en su cara. Sentirá las mismas emociones, la misma ternura y gozo, como si estuviera pasando de nuevo.

Por el contrario, podría estar disfrutando el día; todo está bien, pero entonces comienza a recordar alguna situación triste cuando usted no fue tratado correctamente o sucedió algo injusto. Poco después estará triste, desanimado y sin pasión.

¿Qué le puso triste? Pensar en los recuerdos incorrectos. ¿Qué le hizo feliz? Pensar en los recuerdos correctos. La investigación ha descubierto que su mente de modo natural se inclinará hacia lo negativo. Un estudio descubrió que los recuerdos positivos y negativos son manejados por diferentes partes del cerebro. Un recuerdo negativo ocupa más espacio porque hay más cosas que procesar. Como resultado, usted recuerda eventos negativos más que eventos positivos.

El estudio decía que una persona recordará más perder cincuenta dólares que ganar cincuenta dólares. El efecto negativo tiene un impacto mayor, teniendo más peso que el positivo.

Yo mismo he experimentado eso. Puedo bajarme de la plataforma después de hablar y cien personas podrían decirme: "Joel, lo de hoy ha sido muy bueno. Realmente pude sacar cosas de ello". Pero es más probable que recuerde a una sola persona que diga: "No lo entendí. Eso no hizo nada por mí".

Antes, los comentarios negativos eran lo único en lo que pensaba. Los repetía una y otra vez en mi mente. Esa es la naturaleza humana. Así es como los recuerdos negativos se almacenan en nuestro cerebro. Lo malo ocupa más espacio que lo bueno.

Sintonice con los buenos recuerdos

Sabiendo esto, usted tiene que ser proactivo. Cuando los recuerdos negativos vienen de nuevo a la pantalla de cine de la mente, muchas personas se sientan en una silla, preparan palomitas y lo ven todo de nuevo. Ellos dirán: "No puedo creer que me hicieron daño, eso estuvo muy mal".

En vez de eso, recuerde esto: esa no es la única película en reproducción. Hay otro canal que no está reproduciendo sus derrotas, sus fracasos o sus decepciones. Este canal emite sus victorias, sus logros y las cosas que hizo bien.

El canal de los buenos recuerdos reproduce las veces en que fue ascendido, conoció a la persona correcta, compró una casa estupenda, y sus hijos estaban sanos y alegres.

En vez de quedarse en ese canal negativo, cambie al canal de las victorias. No avanzará hacia días mejores si siempre está reviviendo las cosas negativas que han ocurrido.

Todos hemos pasado por pérdidas, decepciones y cosas

malas. Así que esos recuerdos son los que vendrán a la mente más a menudo. La buena noticia es que usted tiene el mando a distancia. Sólo porque el recuerdo empiece a reproducirse no significa que tiene que pensar en él. Aprenda a cambiar de canal.

Un par de años después de que mi padre muriese, me pasé por la casa de mi madre para recoger algo. No había nadie en casa. A medida que avanzaba por la casa, inmediatamente comencé a recordar la noche en que mi padre murió. Tuvo un ataque al corazón en esa misma habitación. Podía verle tirado en el piso.

Cuando llegué allí el día que murió, los paramédicos estaban dándole descargas eléctricas, intentando que su corazón comenzara a funcionar de nuevo. La noche entera se repitió en mi mente, y podía sentir las mismas emociones.

Entonces hice lo que le estoy pidiendo a usted que haga. Dije: "No gracias, no voy a hacer eso. No voy a revivir esa noche. No voy a sentir esas mismas emociones tristes y deprimentes".

Decidí cambiar de canal. Comencé a recordar todos los buenos momentos que habíamos pasado juntos: los tiempos en que nos reímos y nos divertimos, y viajamos por el mundo. Me enfoqué en la ocasión en que bajamos por el río Amazonas, y las veces que mi padre jugó con nuestro hijo Jonathan.

Había otro canal, y simplemente tenía que cambiar a ese. ¿Necesita usted comenzar a cambiar de canal? ¿Está reviviendo cada dolor, decepción y mal paso? Mientras siga reviviendo lo negativo, nunca sanará por completo.

Es como una costra que se empieza a poner mejor, pero si usted la levanta tan sólo se pondrá peor.

Las heridas emocionales son así también. Si siempre está reviviendo sus heridas y reproduciéndolas en la pantalla de cine de su mente, hablando sobre ellas y contándoselo a sus amigos, lo único que está haciendo es reabrir la herida.

Tiene que cambiar de canal. Cuando mira hacia atrás en su vida, ¿puede encontrar alguna cosa buena que ha pasado? ¿Puede recordar alguna vez que supiera que fue la mano de Dios ascendiéndole, protegiéndole y sanándole? Cambie a ese canal. Haga que su mente vaya en una nueva dirección.

Mantenga sintonizadas las cosas buenas.

Un reportero me preguntó hace poco cuál había sido mi mayor fracaso, lo que más lamentaba. No quiero parecer arrogante, pero no recuerdo cuál fue mi mayor fracaso. No me quedo en eso. No estoy viendo ese canal.

Todos cometemos errores. Todos hacemos cosas que desearíamos haber hecho diferente. Usted puede aprender de sus errores, pero no debe mantenerlos al frente de su mente. Debe recordar las cosas que hizo bien: las veces en que tuvo éxito. Las veces en que venció la tentación. Las veces en que fue amable con extraños.

Algunas personas no están contentas porque recuerdan cada error que cometieron desde 1927. Tienen una lista que se actualiza constantemente. Hágase a usted mismo un gran favor y cambie de canal. Deje de pensar que no cumple las expectativas, que debería haber sido más disciplinado, que debería haber seguido los estudios, o que debería haber pasado más tiempo con sus hijos.

Puede que haya caído, pero enfóquese en el hecho de que volvió a levantarse. Usted está aquí hoy. Puede que haya tomado una mala decisión, pero piense en sus buenas decisiones. Puede que tenga debilidades, pero recuerde sus fortalezas. Deje de enfocarse en lo que está mal de usted y empiece a enfocarse en lo que está bien. Nunca se convertirá en todo lo que fue creado para ser si está en contra de usted mismo. Tiene que reentrenar su mente. Sea disciplinado en cuanto a aquello en lo que piensa.

Hace algunos años, estaba jugando al baloncesto con nuestro hijo Jonathan. Hemos jugado uno contra uno durante años. Por primera vez él me ganó, justamente, 15–14. Le choqué los cinco. ¡Entonces le dije que estaba castigado!

Durante el partido, hubo un momento en que Jonathan me hizo un regate y lanzó la pelota a la canasta. Yo salí de la nada, lo calculé bien, y bloqueé su tiro. Le di un manotazo a la pelota y salió volando a los arbustos.

Me sentí como una estrella de la NBA. Un par de días después, fuimos al polideportivo para jugar con algunos amigos. Jonathan dijo: "Papá, cuéntales a todos lo que pasó la otra noche".

Yo dije: "Oh, sí, Jonathan se preparó para un tiro, y yo debía de haber estado así de alto en el aire y lo bloqueé. Fue algo del otro mundo".

Él dijo: " No, papá, ¡me refería a que les contaras que te gané por primera vez!".

Lo gracioso es que no me acordaba de mi derrota, me

acordaba de mi victoria. Lo primero que vino a mi mente no fue que había perdido el partido con él, sino el hecho de que hice algo bueno. Se debe a que he entrenado mi mente para que recuerde las cosas correctas.

Para muchas personas es justamente lo contrario. Ganaron el partido, pero recuerdan todos los errores que cometieron. Nunca se sienten bien consigo mismos. Siempre están enfocados en algo que no hicieron lo suficientemente bien.

Todo depende de cómo entrene su mente. Depende del canal que usted esté viendo. No cometa el error de recordar lo que debería olvidar, ya sea las situaciones dolorosas, sus decepciones o sus fracasos. No olvide lo que debería recordar: sus victorias, su éxito, y las situaciones difíciles que superó.

Recopile las cosas positivas de su pasado

En el Antiguo Testamento, Dios ordenó a su pueblo en la tierra que tuvieran determinadas fiestas y determinadas celebraciones. Una de las razones más importantes era para que pudieran recordar lo que Él había hecho. Varias veces al año dejaban lo que estaban haciendo para que todos pudieran celebrar. Celebraban que Dios los había sacado de la esclavitud, que Dios derrotó a sus enemigos y que los protegió. Uno de sus requisitos era recordar.

En otro lugar habla sobre cómo ponían lo que ellos llamaban "memoriales". Eran piedras grandes. Hoy día nosotros las llamaríamos marcadores históricos. Las piedras les recordaban victorias específicas. Cada vez que pasaban al lado de ciertas piedras, recordaban un evento. "Esta piedra representa cuando fuimos sacados de la esclavitud. Esta piedra es de cuando nuestro hijo fue sanado. Esta piedra representa cómo Dios proveyó para nuestras necesidades". Tener esos memoriales les ayudaba a mantener frescas en sus memorias las obras de Dios.

Del mismo modo, usted debería tener sus propios memoriales. Cuando mire hacia atrás en su vida, debería recordar no cuando fracasó, no cuando pasó por un divorcio, no cuando su negocio cerró, no cuando perdió a ese ser querido, no cuando el jefe le ofendió. Eso es recordar lo que usted debería olvidar.

Debe cambiar al otro canal. Recuerde cuando conoció al amor de su vida, recuerde cuando su hijo nació, recuerde cuando consiguió ese nuevo puesto, recuerde cuando el problema de pronto cambió, recuerde la paz que sintió cuando perdió a un ser querido.

Recuerde la fortaleza que tuvo en ese tiempo difícil. Parecía oscuro, y no creía que vería de nuevo un día feliz, pero Dios cambió la situación y le dio gozo en lugar de tristeza, belleza en lugar de cenizas, y hoy usted está contento, sano y fuerte. Todos deberíamos tener nuestros propios memoriales.

Mi madre recientemente cumplió el aniversario número treinta y uno de su victoria sobre el cáncer.

> *Recuerde la fortaleza que tuvo.*

Hace treinta y un años, los doctores le dieron tan sólo unas semanas de vida, pero acaba de pasar otro año, y ella continúa sana. Eso es un memorial.

Otro para mí es el 1 de diciembre de 2003, cuando el alcalde Lee Brown nos dio la llave de nuestro nuevo edificio para la iglesia en Houston. Ese lugar es un memorial. También recuerdo cuando entré a una joyería y conocí a Victoria por primera vez. Dios contestó su oración. Quiero decir, ¡*mi* oración!

Yo levanté otro memorial recordando el hecho de que cuando mi padre murió, yo no sabía cómo ministrar, pero Dios me dio la gracia para levantarme y pastorear la iglesia.

Eso es lo que yo constantemente recuerdo: cosas buenas. Mi pregunta para usted es: ¿Ha levantado algún memorial? Lo que usted recuerde tendrá un gran impacto en el tipo de vida que viva. Si está recordando sus fracasos, decepciones y su dolor, le mantendrán atascado en una rutina.

Si tan sólo cambiara lo que recuerda, empezando a recordar sus victorias, sus éxitos y las cosas que ha superado, eso le permitirá alcanzar nuevos niveles de favor. Puede que esté pasando tiempos difíciles, enfrentando retos, pero cuando recuerde las cosas correctas, usted no dirá: "Este problema es demasiado grande. Esta enfermedad será mi fin". Al contrario, usted estará diciendo: "Dios, lo hiciste por mí una vez, y yo sé que lo puedes hacer otra vez".

Eso es lo que hizo David cuando estaba a punto de enfrentarse a Goliat, un gigante el doble de grande que él. Él podía haberse enfocado en lo grande que era Goliat y en que Goliat tenía más experiencia, más entrenamiento y más armas. Lo único que hubiera pasado si hubiera hecho eso es que se habría desanimado.

La Escritura dice: "David recordó que había matado a un león y a un oso con sus propias manos". ¿Qué estaba haciendo? Estaba recordando sus victorias. David podría haber recordado que sus hermanos le maltrataron y que su padre no le respetaba. Había cosas negativas en su pasado, igual que nos sucede a todos nosotros. Pero David entendió este principio: seguir pensando en sus fracasos, derrotas y situaciones injustas le mantendrá atascado.

Él decidió pensar en sus victorias, y se puso por encima de ese reto y llegó a ser quien Dios le creó para ser. Puede que sienta que está luchando contra un gigante. La forma en que usted se mantendrá animado y tendrá la fe para vencer es ser como David.

En lugar de seguir pensando en cuán imposible es y que nunca lo conseguirá, recuerde sus victorias durante todo el día. Saque sus memoriales. "Señor, gracias por ese tiempo en que parecía que todo estaba contra mí, pero tú cambiaste la situación. Dios, me acuerdo de cuando me ascendiste, me reivindicaste, enmendaste mis errores".

Recuerde sus victorias. Recordar las cosas buenas le hará fuerte.

Reviva el gozo

En 2007, una joven llamada Rachel Smith ganó el concurso de belleza de Miss USA. Ella es una chica muy lista que ha recorrido el mundo ayudando a niños necesitados. Más adelante en ese año, ella compitió en el concurso de Miss Universo. Cuando estaba saliendo al escenario, durante la competición de vestidos de noche, perdió el equilibrio en el piso resbaladizo y cayó de espalda. Millones de personas alrededor del mundo estaban viendo a través de la televisión. Ella se sintió muy avergonzada. Se levantó lo más rápido que pudo y mantuvo su sonrisa. El público no tuvo mucha misericordia. Hubo burlas, risas y abucheos. Fue muy humillante.

A pesar de su caída, Rachel quedó entre las cinco primeras. Ella tuvo que salir y responder a una pregunta escogida al azar; y salió al mismo lugar donde se había caído unos minutos antes. Sacó una pregunta del gorro con millones de personas viendo. La pregunta era: "Si pudieras revivir y rehacer cualquier momento de tu vida, ¿qué momento sería?".

Ella acababa de experimentar el momento más embarazoso de su vida veinte minutos atrás. Cuántos de nosotros hubiéramos dicho: "Me gustaría revivir el momento en el que me caí en este escenario. Me gustaría rehacer ese momento".

Pero sin pensárselo, ella dijo: "Si pudiera revivir cualquier cosa, reviviría mi viaje a África trabajando con los huérfanos, viendo sus preciosas sonrisas, y sintiendo sus tiernos abrazos".

En lugar de volver a visitar un momento embarazoso, un momento de dolor, Rachel decidió revivir un momento de gozo, donde estaba marcando una diferencia, donde estaba orgullosa de sí misma. Todos nos caemos en nuestras vidas. Todos cometemos errores. Todos tenemos momentos injustos y embarazosos.

Puede estar seguro de que esas imágenes de sus días malos se reproducirán una y otra vez en la pantalla de su mente. Usted tiene que hacer lo que hizo Rachel Smith: cambiar de canal y reproducir sus victorias, sus éxitos y sus logros.

Dios hizo milagro tras milagro para los israelitas. Él sobrenaturalmente les sacó de la esclavitud. Mandó todo tipo de plagas sobre sus enemigos. A pesar de que los israelitas vivían al lado, las plagas no les afectaron. Cuando ellos no tenían salida frente al Mar Rojo, con el faraón y su ejército persiguiéndoles, podría parecer que sus vidas habían terminado, pero las aguas se dividieron.

Cruzaron el mar por tierra seca. Dios les dio agua de una roca, y les guiaba con una nube por el día y una columna de fuego por la noche. Pero a pesar de todo eso, ellos nunca consiguieron entrar a la Tierra Prometida. Salmos 78:11–12 nos dice por qué. Dice: "Sino que se olvidaron de sus obras, y de sus maravillas que les había mostrado".

Cuando olvidamos lo que deberíamos recordar, eso puede mantenernos fuera de nuestra tierra prometida. Los israelitas se desanimaron, empezaron a quejarse, y le preguntaron a Moisés: "¿Por qué nos trajiste aquí para morir en el desierto?".

Cuando se enfrentaban a un enemigo, pensaban: "No tenemos nada que hacer". Ellos ya habían visto la bondad de Dios de formas sorprendentes. Habían visto a Dios hacer lo imposible, pero debido a que se olvidaron de eso tenían miedo, estaban preocupados y eran negativos. Eso les impidió cumplir su destino.

Dios puede hacerlo de nuevo

¿Se está olvidando de lo que Dios ha hecho por usted? ¿Ha dejado que lo que antes fue un milagro se convierta en algo ordinario? Ya no le emociona. No le da gracias a Dios por ello. Mire hacia atrás en su vida y recuerde que Dios le trajo a donde está ahora, las cosas grandes y también las pequeñas. Sabrá que si Dios lo hizo una vez por usted, Él puede hacerlo de nuevo.

Puede que se desanime y piense: "No sé cómo saldré de este problema. O nunca saldré de la deuda. O nunca me pondré mejor". Pero cuando esto pase, mire atrás y recuerde las veces que Dios ha abierto el Mar Rojo para usted. Recuerde los enemigos de los cuales Él le ha librado. Recuerde las batallas que Él ha librado y la restauración, reivindicación y favor que Él ha mostrado.

Cada uno de nosotros puede mirar atrás y ver la mano de Dios en su vida. Dios ha abierto puertas que a usted no se le hubieran abierto, igual que lo hizo con los israelitas. Él le ha ayudado a lograr cosas que usted nunca hubiera logrado por sí mismo. Él le ha sacado de las dificultades a las que usted creía que nunca sobreviviría. Él le ha protegido, ascendido, y le ha dado oportunidades.

> *Vea la mano de Dios en su vida.*

La clave de mantenerse animado para poder ver a Dios abrir nuevas puertas y cambiar situaciones negativas es nunca olvidarse de lo que Él ha hecho. La Escritura dice que deberíamos contárselo a nuestros hijos y a nuestros nietos. Deberíamos transmitirles historias de la bondad de Dios.

En el Antiguo Testamento leemos mucho sobre las varas que las personas llevaban con ellas. No eran tan sólo bastones, o algo para ahuyentar a los animales salvajes. Tenían más significado.

En aquellos tiempos, la gente era nómada. Siempre estaban en continuo movimiento. Ellos no llevaban un registro con papeles y carpetas de computadora como lo hacemos nosotros hoy. En vez de eso, ellos grababan el registro de eventos y fechas importantes en sus varas.

Esa era su forma de mantener registros personales. Ellos grababan anotaciones como: "En esta fecha derrotamos a los amalecitas. En esta fecha nació mi hijo. En esta fecha Dios nos sacó de la esclavitud. En esta fecha a Dios nos sacó agua de una piedra".

Sus varas proporcionaban un registro de su historia con Dios. Cuando Moisés dividió el Mar Rojo, ¿qué hizo? Levantó su vara. Él estaba diciendo: "Dios, gracias por todo lo que has hecho en el pasado. Recordamos que tú nos has liberado una y otra vez".

Moisés estaba recordando las grandes cosas que Dios había hecho. Cuando David salió a enfrentarse a Goliat, no sólo se llevó su honda. La Escritura dice que se llevó su vara. En esa vara, sin duda había escrito: "En esta fecha maté a un león con mis propias manos. En esta fecha maté un oso. En esta fecha Samuel me ungió como rey".

David se llevó su vara para recordar que Dios le había ayudado en el pasado. Me puedo imaginar que justo antes de salir a luchar, la leyó una vez más. Eso le dio el último empujón. Su actitud era: "Dios, lo hiciste por mí entonces, por eso sé que pues hacerlo por mí ahora".

¿Está usted enfrentando gigantes hoy? ¿Su problema parece demasiado grande? ¿Sus sueños parecen imposibles? Necesita sacar su vara. En vez de ir por ahí desanimado y pensando que nunca va a salir bien, empiece pensar en sus victorias. Empiece a pensar en cómo mató al león y al oso en su propia vida. Empiece a recordar lo lejos que Dios le ha llevado.

Recuerde todas las veces en que Él abrió puertas, le dio ascensos, sanó a sus familiares, y le puso en el lugar correcto con las personas correctas. No se olvide de sus victorias. Regularmente regrese a sus memoriales, y lea las victorias escritas en su vara.

Cuando lleguen esos recuerdos negativos, como les llegan a todos (las cosas que no funcionaron, sus dolencias, sus fracasos y sus decepciones. Muchas personas erróneamente se quedan en ese canal, acaban atrapadas en una rutina negativa y no esperan nada bueno. Recuerde: ese no es el único canal), agarre su mando a distancia y cambie al canal de las victorias.

Anticipe logros. Espere que los problemas cambien. Espere elevarse a nuevos niveles. Usted aún no ha visto sus mayores victorias. No ha cumplido sus más grandes sueños. Hay nuevas montañas que escalar, nuevos horizontes que explorar.

No deje que las decepciones roben su pasión. No deje que la forma en que alguien le trató amargue su vida. Dios sigue en control. Puede que no haya sucedido en el pasado, pero puede suceder en el futuro.

Dibuje una línea en la arena y diga: "Hasta aquí. He terminado con las expectativas bajas. No me voy a conformar con la mediocridad. Anticipo favor, aumento y ascenso. Anticipo bendiciones que me encontrarán. Anticipo que este año será mi mejor año hasta ahora".

Si usted eleva su nivel de expectativa, Dios le llevará a

lugares que usted nunca hubiera soñado. Él abrirá puertas que ningún hombre puede cerrar. Él le ayudará a vencer obstáculos que parecían insuperables, y usted verá su bondad de formas sorprendentes.

CAPÍTULO 4

Tenga una mentalidad positiva

Cada día tenemos la oportunidad de escoger nuestras actitudes. Podemos decidir ser felices y mirar el lado bueno de las cosas, esperando cosas buenas y creyendo que cumpliremos nuestros sueños, o podemos elegir ser negativos enfocándonos en nuestros problemas, quedándonos en lo que no funcionó, y viviendo preocupados y desanimados.

Estas son las decisiones que todos podemos tomar. Nadie puede forzarnos a tener cierta actitud. La vida le irá mucho mejor si simplemente decide ser positivo. Cuando se levante, escoja ser positivo. Esta es la cuarta innegable cualidad de un ganador.

Escoja ser agradecido por el nuevo día. Escoja mirar el lado bueno de las cosas. Escoja enfocarse en las posibilidades.

Una buena actitud no sale automáticamente. Si usted no la escoge, es más que probable que por defecto cambie a una mentalidad negativa, pensando: "No tengo ganas

> *Escoja ser positivo.*

de ir al trabajo. Tengo muchos obstáculos. No hay nada bueno en mi futuro".

Una actitud negativa limitará su vida.

Todos afrontamos dificultades. Todos tenemos tiempos malos, pero la actitud correcta es: "Esto no es permanente, es tan sólo temporal. Mientras, disfrutaré de mi vida".

Puede que no haya conseguido el ascenso por el que trabajó tan duro, o no le concedieron el préstamo para la casa que quería. Fácilmente podría vivir con una actitud de amargura. En lugar de eso, debería pensar: "Está bien. Sé que algo mejor está en camino".

Si se queda atascado en el tráfico, piense de manera positiva: "No me voy a estresar. Sé que estoy en el lugar correcto en el momento correcto".

Si su reporte médico no fue bueno, puede escoger pensar: "No estoy preocupado. Esto también se pasará".

Si su sueño está tardando más de lo que pensaba, puede escoger pensar: "No estoy desanimado. Sé que las personas correctas y las oportunidades correctas ya están en mi futuro, y en el momento oportuno se cumplirá".

Tenga una mente positiva

Cuando usted tiene una mentalidad positiva, no puede ser derrotado. A pesar de lo que llegue a su camino, se lo sacudirá y continuará avanzando hacia adelante.

La vida es como un automóvil; usted puede avanzar o retroceder. Usted decide en qué dirección quiere ir. No supone más esfuerzo avanzar de lo que supone retroceder. Si usted decide enfocarse en lo positivo y mantener su mente enfocada en las posibilidades, avanzará y verá aumento y favor.

Pero si piensa en lo negativo y se mantiene enfocado en los problemas y en lo que no tiene, y cuán imposible parece su sueño, eso es como poner la marcha atrás en el auto: retrocederá. Todo depende de lo que decida pensar. Puede pensar en lo que está mal de usted o lo que está bien de usted. Puede escoger fijarse en todo el camino que le queda por delante, o puede fijarse en el camino que ya ha recorrido.

Hay bien y mal en todas las situaciones. Si usted tiene la actitud correcta, siempre puede encontrar lo bueno. Es como el niño pequeño acerca del cual escuché. Tenía un bate de béisbol y una bola, y se dijo a sí mismo: "Soy el mejor bateador del mundo".

Lanzó la bola hacia arriba, bateó, y falló: ¡*Strike* uno!

El niño recogió la bola, se acomodó su gorra y dijo de nuevo: "Soy el mejor bateador del mundo".

Lanzó la bola, bateó, y volvió a fallar: ¡*Strike* dos!

Esta vez lo dijo con aún más determinación: "¡Soy el mejor bateador del mundo!".

Lanzó la bola, bateó, y falló de nuevo. ¡*Strike* tres!

Entonces, el niño puso el bate en el suelo, esbozó una gran sonrisa y dijo: "Mira por donde, soy el mejor *pitcher* del mundo".

Sea como este niño y manténgase positivo. Esa es la mentalidad de un ganador. Aprenda a mirar el lado bueno de las cosas. Encuentre lo brillante y positivo de cada situación.

Muchas personas usan esta excusa: "Yo soy negativo

porque me han pasado cosas negativas". Pondrán excusas como estas:

"Mi negocio no prosperó".

"Un amigo me ofendió".

"Tuve una mala infancia".

"Estoy enfrentando una enfermedad, y por eso estoy amargado".

No son sus circunstancias las que le hacen ser negativo, es su actitud acerca de esas circunstancias. Se podría tomar a veinte personas positivas y veinte personas negativas y darles exactamente el mismo problema (darles el mismo trabajo, ponerles en la misma familia, y en la misma casa), y las veinte personas positivas terminarán igual de positivas y contentas, con actitudes estupendas. Las personas negativas seguirán igual de negativas. Pueden tener los mismos problemas y las mismas circunstancias, pero actitudes muy diferentes.

¿Cuál es la diferencia? Las personas positivas se han propuesto disfrutar de la vida. Ellos se enfocan en las posibilidades, no en el problema. Están agradecidos por lo que tienen, y no se quejan de lo que no tienen. Las personas positivas saben que Dios está en control, y que nada ocurre sin su permiso. Ellos escogen florecer donde son plantados. No están esperando a ser felices cuando la situación cambie. Están felices mientras Dios cambia la situación.

Cuando usted es positivo, está aprobando el examen. Usted está diciendo: "Dios, confío en ti. Sé que estás librando mis batallas".

Si no está contento donde está, no llegará donde quiere estar. No espere que todo cambie para tener una buena actitud. Si tiene una buena actitud ahora, Dios puede cambiar la situación.

Mantenga la perspectiva correcta

A algunas personas les encantaría tener los problemas que usted tiene. Gustosamente le cambiarían el lugar. Les encantaría tener el trabajo que a usted le frustra. Les encantaría quedarse atrapados en el tráfico en el auto que a usted no le gusta. Les encantaría tener a su marido, que a usted le pone de los nervios. Les encantaría vivir en la casa que usted cree que es demasiado pequeña.

Puede que esté pensando: "En cuanto salga de esta comunidad de vecinos, entonces seré feliz". En lugar de eso, ¿por qué no escoge ser feliz donde está? Escoja tener una buena actitud sin pensar en lo que tiene o en lo que no tiene.

Su felicidad depende de su forma de ver la vida. Un hombre se levanta y dice: "Buenos días, Señor". Otro hombre se levanta y dice: "Oh Señor, es de día". ¿Cuál de ellos es usted?

Usted controla el tipo de día que tiene, y puede ser lo feliz que desee ser. No son sus circunstancias las que le mantienen infeliz. Es cómo responde a ellas.

Puede que incluso se esté haciendo infeliz a usted mismo. Usted no puede cambiar el tráfico, el tiempo o cómo le tratan los demás. Si su felicidad depende de que todo vaya bien y de que todos le traten bien, estará frustrado.

Antes de salir de la casa, debe proponerse mantenerse positivo y disfrutar el día sin importar lo que enfrente. Tiene que decidir antes de que ocurra.

Esto es lo que dice Colosenses 3:2: "Poned la mira en las cosas de arriba, no en las de la tierra". Las cosas de arriba son las cosas positivas. Cuando se levante de la cama por la mañana, debe poner la mira en la victoria. Ponga la mira en el éxito. Tenga la actitud que dice: "Este va a ser un gran día. El favor de Dios está en mi vida. Estoy emocionado por mi futuro".

> *Ponga su mira en las cosas de arriba.*

Cuando su mente se enfoca en la positividad, la esperanza y el esperar cosas buenas, entonces usted llegará a lugares que nunca hubiera soñado. Se abrirán nuevas puertas. Nuevas oportunidades y las personas apropiadas se cruzarán en su camino.

Pero si no enfoca su mente, los pensamientos negativos la enfocarán por usted. No puede comenzar el día en posición neutral. Si usted es pasivo, tumbado en la cama, pensamientos negativos como los siguientes vendrán a su mente: "Nunca cumplirás tus sueños. Nunca te casarás. Eres demasiado viejo. Nunca te pondrás mejor. Nunca te ocurren cosas buenas. Nunca saldrás de la deuda".

Ponga su mira en la victoria

Puede que no se dé cuenta, pero eso está marcando el tono para la derrota, el fracaso y un pésimo día. Lo primero que debería hacer es enfocar su vida en la dirección correcta. Por eso, muchas personas no tienen suficiente energía, gozo, visión o pasión. Sus mentes están enfocadas en lo negativo.

Lo han estado haciendo así durante tanto tiempo que no tienen una mejor forma de hacerlo. Es normal para ellos.

Pasan el día esperando problemas, cosas malas, apenas sobrevivir, y ser maltratados. Viven en base a la ley de Murphy, que dice: "Si algo puede ir mal, irá mal, y en el peor momento posible". Las cosas llevarán más tiempo de lo que pensaba, y será más difícil de lo que parece.

Como estas personas no han enfocado su mente, esperan que pasen cosas negativas. Se preguntan por qué todo les cuesta tanto, y por qué no pueden salir adelante. Es porque están poniendo sus miras en la derrota, en cosas malas y el fracaso.

Si usted ha caído en esta mentalidad negativa, debe cambiar su perspectiva. Usted es un hijo del Dios altísimo. Usted ha sido coronado con favor. No fue creado para vivir una vida promedio, de apenas sobrevivir y de inferioridad; fue creado para ser cabeza y no cola, para prestar y no para pedir prestado, para reinar en vida como un rey. Usted tiene la realeza en su sangre. Ganar está escrito en su ADN.

Ahora, despójese de su mentalidad negativa y ponga su mira en la victoria. Ponga su mira en el aumento. Ponga su mira en las cosas buenas. Comience a anticipar que sus planes funcionarán. Espere que la gente sea buena con usted. Espere tener un día productivo.

Si la victoria no sucede, no vuelva a caer en su antigua mentalidad negativa pensando cosas como estas: "Debería haber sabido que no funcionaría para mí. Nunca me pasan cosas buenas. Nunca encuentro un buen estacionamiento. Estas personas nunca me tratan bien. Siempre me lleva más tiempo que a los demás".

Usted no es una víctima; es un ganador. Usted no tendría oposición si no hubiera algo asombroso en su futuro. Mantenga una sonrisa en su boca. Mantenga el brío en su paso. Manténgase positivo. Manténgase con esperanza. Dios sigue en el trono.

Ser amargado, negativo, pesimista, y esperar lo peor le alejará de su destino. Puede que le hayan pasado muchas cosas negativas e injustas en su pasado, pero no permita que eso se convierta en una fortaleza, o una mentalidad en la que usted piense que eso es lo que le va a pasar siempre. Usted no quiere vivir con esa mentalidad negativa.

Si Dios le enseñara todo lo que Él tiene planeado para su vida, usted se quedaría atónito. Si pudiera ver las puertas que Él va a abrir, las oportunidades que se cruzarán en su camino y las personas que aparecerán, estaría tan asombrado, emocionado y apasionado, que sería fácil poner su mira en la victoria.

De esto se trata la fe. Usted tiene que creer antes de ver. El favor de Dios le rodea como un escudo. Cada revés es una preparación para algo mejor. Cada cosa mala, cada desengaño y cada persona que le ofende es parte del plan para llevarle donde debe estar.

No caiga en la trampa de ser negativo, complaciente, o simplemente conformarse con lo que la vida ponga en su camino. Enfoque su mente en victoria, éxito y nuevos niveles. Extienda su visión. Deje sitio para que Dios haga algo nuevo. Usted ni siquiera ha tocado la superficie de lo que Dios tiene preparado.

Tenga esperanza e ilusión

Una vez estaba hablando con un reportero, y podía darme cuenta de que no le gustaba el hecho de que mi mensaje fuera tan positivo y esperanzador. Él me preguntó qué le diría a una persona que había perdido el trabajo, estaba a punto de perder su casa, no tenía lugar a donde ir, y otros problemas de todo tipo. Él imaginó la peor situación posible.

Yo dije: "Primero, animaría a esa persona a que se levantara y encontrara algo por lo que estar agradecido, y segundo, le animaría a esperar que las cosas cambiaran, esperar que se abran nuevas puertas, y esperar cosas buenas".

La Escritura dice que cuando la oscuridad sobrepasa a los rectos, la luz entrará rápidamente. Cuando usted no ve una salida, y está oscuro, está en la posición idónea para que el favor de Dios entre rápidamente.

El reportero dijo: "Pero ¿no sería eso darle falsas esperanzas?".

Aquí está la alternativa: Podría decirles que fueran negativos, amargados, que se dieran por vencidos, que se quejaran y que estuvieran deprimidos. Eso lo único que haría sería empeorar las cosas.

Puede que usted esté en una situación difícil, pero en vez de ser negativo, manténgase firme y diga: "Me niego a vivir con una actitud negativa. No voy a abandonar mis sueños. No voy a vivir sin pasión o entusiasmo. Puede que no vea una salida, pero sé que Dios tiene una. Puede que esté oscuro, pero anticipo

> *Deje que el favor de Dios entre rápidamente.*

que la luz entrará rápidamente. Estoy poniendo mi mira en la victoria".

Eso es lo que permite que Dios obre. No es tan sólo pensar en algo contrario a lo que está pasando. No es tan sólo tener una actitud positiva. Es que su fe se desata. Cuando usted cree, capta la atención de Dios. Cuando usted espera un cambio de sentido en el que sus sueños se cumplirán, su buena salud será restaurada, y cosas buenas y conexiones divinas se acercan, entonces el Creador del universo empieza a trabajar y le ayuda a convertirse en un ganador.

Puede que le hayan pasado mil cosas malas, pero no use eso como una excusa para ser negativo. Una cosa buena puede hacer que todas las cosas malas valgan la pena. Un toque del favor de Dios puede catapultarle más lejos de lo que usted podía haberse imaginado. Puede que sienta que se está quedando atrás, y que no está donde usted creía que debería estar en la vida. No se preocupe; Dios sabe cómo recuperar el tiempo perdido. Él sabe cómo acelerar las cosas.

Ahora usted tiene que hacer su parte. Sacúdase la mentalidad negativa. Sacúdase el pesimismo, el desaliento y la autocompasión. Reavive su fuego. La vida sigue pasando por su lado, y usted no tiene que malgastar el tiempo siendo negativo. Tiene un destino que cumplir, una tarea que completar. Lo que está en su futuro es más grande que todo lo que haya visto en su pasado. Necesitamos deshacernos de la ley de Murphy y vivir en base a lo opuesto. Su actitud debería ser: "Si hay algo que pueda salir bien hoy, saldrá bien y me pasará en el momento oportuno. Nada será tan difícil como parece. Nada tardará tanto como parece".

¿Por qué? Usted es muy favorecido. Dios todopoderoso respira en dirección a usted. Usted ha sido ungido, equipado, y se le ha dado poder.

Algunos podrán decir que yo tan sólo ilusiono a la gente, y que intento hacer que la gente sea más positiva. Eso es verdad, y aquí está el porqué: Dios es un Dios positivo. No hay nada negativo en Él. Si usted es negativo, amargado o pesimista, va en contra de la naturaleza de Dios.

Cuando volamos desde Houston hasta Los Ángeles, siempre se tarda treinta minutos más en llegar de lo que se tarda en volver a casa. Se debe a que el flujo de aire va de oeste a este. Cuando vamos hacia allí, hay una gran masa de aire siempre soplando contra nosotros, ralentizándonos. El otro día había una corriente de aire de 190 kilómetros por hora. El avión tiene que trabajar más duro, usar más combustible y gastar más energía.

Pero cuando viajamos de nuevo a casa, sucede justamente lo contrario. La corriente trabaja a nuestro favor, empujándonos hacia adelante y haciéndolo más fácil, ahorrándonos tiempo y energía.

Los mismos principios se pueden aplicar en la vida. Cuando usted es positivo, tiene esperanzas y espera cosas buenas, está en la corriente del Dios todopoderoso. Las cosas serán más fáciles, y logrará más cosas, vivirá más contento y verá aumento y favor. Pero cuando usted es negativo y está desanimado, todo es una batalla; tiene que trabajar más duro y no puede disfrutar de la vida.

Preste atención a lo que está pensando

No puede tener pensamientos negativos y vivir una vida positiva. Estaría yendo a contracorriente si a lo largo del día tiene pensamientos negativos como estos: "Nunca aprobaré este examen de química. Odio ir a trabajar. Mi matrimonio no durará. Nunca conoceré a la persona correcta".

Su vida es una consecuencia de sus pensamientos. Usted está atrayendo hacia su vida las cosas en las que piensa, igual que un imán.

"No aprobaré el examen".

Usted está atrayendo la derrota.

"No aguanto ir a trabajar".

Usted está atrayendo la negatividad.

"Nunca conoceré a la persona correcta".

Usted está atrayendo la soledad.

"Nunca cumpliré mis sueños".

Usted está atrayendo la mediocridad.

Leí un estudio que se realizó en personas que necesitaban cirugía artroscópica de la rodilla. Sus rodillas estaban desgastadas y necesitaban que la articulación fuera limpiada. Con algunos de los pacientes, los doctores recibieron permiso por parte de la familia del paciente para simular la cirugía como parte de este estudio. En lugar de realmente limpiar la articulación de la rodilla y realizar la cirugía completa, simplemente pusieron al paciente bajo los efectos de la anestesia e hicieron tres pequeñas incisiones alrededor de la rodilla como si hubieran hecho algo.

Cuando estos pacientes se despertaron, pensaban que les habían realizado la cirugía. Es interesante que después de dos años, los pacientes que habían tenido la cirugía ficticia dieron un reporte del mismo alivio de dolor que los pacientes a los que realmente se les había realizado la cirugía.

Usted podría pensar que los pacientes a los que no se les realizó la cirugía no sentían dolor porque sus mentes habían sido engañadas. Ese no era el caso. Cuando los doctores examinaron sus rodillas al cabo de un tiempo, podían ver mejoras, incluso sin la cirugía. Su conclusión fue que cuando el cerebro esperaba que la rodilla se pusiera mejor, eso sucedió, incluso sin la cirugía. Simplemente pensar positivamente que la rodilla había sido sanada realmente ayudó al cuerpo a sanar.

Pero ¿cuántas personas han programado su mente para esperar derrota, fracaso y mediocridad? Han dicho miles de veces: "Nunca me pondré mejor". Entonces, su cerebro comienza a trabajar conforme a ese pensamiento negativo y manda este mensaje: "Aseguurémonos de que nunca se ponga mejor. Traigamos inflamación, enfermedad e incomodidad".

¿Cuántas personas viven cada día sintiéndose infe- | *Programe su mente para el éxito.*
riores, inseguras y no califi- cadas? Sus cerebros dicen: "Tengo mis instrucciones. Voy a hacer como dicen. Debo asegurarme de que sean torpes y lentas, y que no tengan ninguna buena idea. Cometan errores".

¿Cuál es el problema? Se han programado ellos mismos para la derrota. Sus mentes funcionan a la perfección, y se están convirtiendo en lo que creen.

La buena noticia es que esto también funciona en la dirección correcta. Cuando usted vive cada día diciendo: "Estoy equipado, tengo poder y soy capaz", su cerebro se pone a trabajar diciendo: "Vamos a asegurarnos de que esta persona sea perfectamente capaz, tenga talento, sea creativa, confiada y segura de sí misma".

Puede que esté afrontando una enfermedad, pero no debería decir: "Nunca me pondré bien". En lugar de eso, diga: "Cada vez estoy mejor. La salud y la sanidad fluyen dentro de mí. Dios está renovando mi juventud".

El cerebro se pone a trabajar diciéndole a todo su sistema: "¿Estás escuchando lo que está diciendo? Dice que está sana. Está completa. Es fuerte. Ponte a trabajar y desata la sanidad. Crea nuevas células. Desata fuerza, energía y vitalidad".

Puede que usted esté batallando con una adicción. Nunca diga: "Nunca lo superaré. Simplemente estoy enganchado". Si usted piensa que es un adicto, siempre será un adicto.

Cuando se queda en pensamientos negativos y de derrota, usted envenena su sistema. Le está diciendo a su centro de mando y a su mente (esta increíble herramienta que Dios le ha dado) que liberen derrota, fracaso y mediocridad. Por eso las Escrituras dicen que usted debe guardar su mente.

Si está intentando perder peso, nunca diga: "Nunca perderé estos kilos. Soy demasiado indisciplinado. Mi metabolismo está tan mal, que aunque hiciera ejercicio todo el día no marcaría ninguna diferencia".

Cuando usted hace eso, su mente le dice a su sistema: "Mantente mal. Guarda cada caloría que puedas. Manda nuevos antojos. Quita el deseo de hacer ejercicio. Asegúrate de que se sienta mal, y quita toda su energía".

Cuando usted se levanta por la mañana, sin importar cómo se sienta, diga para sí: "Estoy adelgazando. Voy a perder estos kilos. Soy fuerte, sano y lleno de vigor. Tengo disciplina y autocontrol. Me veo bien. Me siento bien. Pienso bien".

Enfóquese en lo positivo

Esta es la clave: sólo porque llegue un pensamiento, no significa que tenga que meditar en él. Usted controla la puerta de su mente. Si el pensamiento es negativo, desalentador y le está desanimando, rechácelo. No medite en él. Mantenga la puerta cerrada. Escoja quedarse con pensamientos que le dan poder, que le inspiran y que le animan a tener fe, esperanza y gozo.

Si usted mantiene su mente llena de los pensamientos correctos, no habrá espacio para los incorrectos. Durante todo el día debería enfocarse en lo positivo: "Me va a suceder algo bueno. Soy fuerte, sano, talentoso y disciplinado. Es divertido estar cerca de mí. Mis hijos serán poderosos en la tierra. Puedo hacer todo en Cristo. Aprobaré este examen de química. Conoceré a la persona adecuada. Pasaré esta prueba. Mis mejores días aún están por delante de mí".

Cuando su mente esté llena de pensamientos de fe, esperanza y victoria, usted atraerá las cosas buenas de Dios.

Leí acerca de una señora que había estado enferma durante varios años. Ella probó con diferentes doctores, pero ellos no sabían qué era lo que iba mal. Ella era muy negativa, y siempre hablaba de que no se pondría mejor. Igual que un imán, ella continuaba atrayendo más enfermedad.

La batalla real tiene lugar en la mente. ¿En qué piensa todo el día? Eso es lo que usted está atrayendo.

Esta señora fue a otro doctor y se quejó con él, explicándole que no se iba a recuperar. Sus comentarios negativos seguían y seguían. El doctor se dio cuenta de su actitud negativa. Él decidió recetarle algo inusual; nunca antes había hecho eso.

El doctor dijo: "Cada hora que esté despierta, quiero que diga por lo menos seis veces: 'Estoy mejorando y mejorando cada día, en todas las áreas'". Ella pensó que esto era extraño y dijo: "Doctor, yo no haré eso. Quiero medicina de verdad".

"Usted siga mis instrucciones, y luego hablaremos del siguiente paso", dijo él.

La paciente comenzó a hacer esto cincuenta a sesenta veces al día, y después de poco tiempo su actitud comenzó a cambiar. Después de unos días, se sentía mejor. Un par de semanas después, sus fuerzas regresaron, y entonces su gozo también regresó.

Un mes después, ella era una persona diferente. Todos los síntomas habían desaparecido. Ella regresó al doctor. Él miró el reporte del análisis de sangre de la paciente y dijo que todo estaba perfectamente normal.

¿Qué es lo que marcó la diferencia? Ella cambió su forma de pensar. En vez de atraer enfermedad, comenzó a atraer sanidad.

A veces, su cuerpo no se pondrá mejor hasta que su mente le diga que se ponga mejor. Usted no cumplirá sus sueños pensando: "Nunca me pasan cosas buenas. No conozco a las personas correctas. No tengo los fondos o la educación".

Tiene que darse permiso usted mismo para cumplir sus sueños, tiene que darse permiso para salir de la deuda, y tiene que darse permiso para superar el obstáculo. Sus días mejores comienzan en su forma de pensar.

Hay estudios que mues-tran que cuando usted es

> *Dese permiso a usted mismo para cumplir sus sueños.*

negativo y tiene pensamientos tristes y desalentadores, su nivel de serotonina baja, y eso le hace sentirse triste. No está tan sólo en su cabeza. También afecta a sus estados de ánimo. Pero cuando usted se levanta cada día con una mentalidad positiva, sintiéndose esperanzado y anticipando cosas buenas, se liberan endorfinas que le hace sentir contento. Usted tendrá más energía, porque ser positivo añade brío a su paso.

Si usted va por ahí con pensamientos negativos, estos le robarán su fe, su energía y su entusiasmo. Es como una gran aspiradora que saca todas las cosas buenas que Dios ha puesto en usted. Se sorprendería de lo bien que se sentiría, cuánto más conseguiría y lo lejos que llegaría si tan sólo se cambiara a esta mentalidad positiva.

Usted debe controlar conscientemente sus pensamientos para que sean positivos, usando afirmaciones como estas: "Este va a ser un gran día. Este es mi año. Estoy anticipando una abundancia de favor. Soy un ganador".

La Escritura dice: "Póngase una actitud nueva y fresca". Me he dado cuenta de que la actitud de ayer no es lo suficientemente buena para hoy. Cada mañana debe conscientemente adoptar una actitud fresca pensando cosas como estas: "Hoy seré feliz. Voy a ser bueno con la gente. Voy a adaptarme a las situaciones, y no me voy a molestar. Sé que Dios está en control. Él dirige mis pasos. Ningún obstáculo es demasiado grande. Ningún sueño es demasiado grande. Soy capaz de hacer lo que fui llamado a hacer".

Esa actitud fresca y nueva le pondrá en la corriente de aire de Dios. Conseguirá cosas que no hubiera podido conseguir solo. Será más productivo. Tendrá más sabiduría, creatividad y buenas ideas. Superará obstáculos más grandes, más fuertes y más poderosos que cualquier otro que hubiera enfrentado antes.

Refresque su actitud

Muchas personas dependen de la actitud de ayer, o la actitud de la semana pasada o del año pasado. Esa actitud está vieja y mustia, por lo que usted debe empezar a ponerse una actitud fresca y nueva cada mañana. Haga que su mente vaya en la dirección correcta. Desarrolle el hábito de vivir con una mentalidad positiva.

Eso es lo que hizo el Daniel de la Biblia. La Escritura dice que tenía un espíritu excelente. Destacaba por encima de los demás, y resaltaba entre la multitud. ¿Cómo lo hacía? Cada mañana se levantaba temprano, abría su ventana, y daba gracias a Dios por el día. Le daba gracias a Dios por su bondad, y le agradecía que le hubiera dado sus talentos.

Él se estaba poniendo esa actitud nueva y fresca, poniendo su mira en la victoria.

Daniel servía al rey en un país que no era el suyo, cuando el rey estableció un decreto de que nadie podía orar a otro Dios que no fuera el Dios del rey. Si lo hacían, serían arrojados al foso de los leones. Esa amenaza no detuvo a Daniel. Todas las mañanas se levantaba y seguía orando a Jehová.

Los enemigos de Daniel se lo dijeron al rey, que ya había proclamado el decreto. Él amaba a Daniel, pero no podía echarse para atrás en su palabra. Daniel dijo: "No te preocupes Rey, voy a estar bien. El Dios al que sirvo es perfectamente capaz de salvarme".

Eso es lo que sucede cuando empieza el día en fe, teniendo pensamientos positivos a propósito. Cuando se encuentra en una situación difícil, no se achanta por temor con pensamientos como este: "¿Por qué esto me está pasando a mí?". En lugar de eso, usted se levanta en fe y dice: "Mi Dios tiene poder. Estoy armado con fuerza para esta batalla. Puedo hacer todo en Cristo. Si Dios está conmigo, ¿quién estará contra mí?".

Las autoridades echaron a Daniel en el foso de los leones, el cual contenía más de cien leones hambrientos.

Levántese en fe.

Todos esperaban que Daniel fuera devorado en unos pocos minutos, pero cuando tenemos esta actitud de fe, Dios peleará nuestras batallas por nosotros.

Dios mandó un ángel para que cerrara la boca de los leones. El rey fue a la mañana siguiente, y ahí estaba

Daniel, tumbado en el césped, descansando. El rey le sacó y dijo: "Desde ahora en adelante, todos adoraremos al Dios de Daniel, el verdadero Dios viviente".

Es interesante saber que las Escrituras no dicen nada negativo sobre José y Daniel. Estoy seguro de que cometieron errores, pero no podemos encontrar una reseña que muestre algo que hicieron mal. Hay historias de otros grandes héroes de la fe como Abraham, David, Moisés, Pablo y Pedro que fallaron y cometieron errores.

Daniel y José eran buenas personas, pero tenían circunstancias malas. Les pasaron cosas injustas. Fueron maltratados y se enfrentaron a grandes obstáculos. Si usted estudia sus vidas encontrará un elemento común: siempre eran positivos. Tenían esta actitud de fe. No se inventaban excusas ni decían cosas como: "Dios, ¿por qué me está pasando esto a mí?".

Comenzaban cada día enfocando sus mentes en la dirección correcta, sabiendo que nuestro Dios tiene poder. Los dos obtuvieron favor y bendiciones de formas sorprendentes. De la misma manera, usted puede ser una buena persona y tener circunstancias malas.

Es fácil ponerse negativo y decir cosas como: "No entiendo por qué mi hijo se ha descarriado. ¿Por qué tuve que contraer esta enfermedad? ¿Por qué esta gente me hizo daño?".

En lugar de eso, haga lo que hizo Daniel. Levántese cada mañana en medio de la batalla, mire hacia arriba y diga: "Señor, gracias por otro gran día. Sé que tienes poder, que eres más grande que mi problema, más grande que esta enfermedad, y más poderoso que mi enemigo. Gracias porque hoy las cosas cambiarán en favor mío".

Especialmente en tiempos difíciles, asegúrese de ponerse esa actitud nueva y fresca. Enfoque su mente en la victoria y manténgala enfocada. Cuando lleguen pensamientos negativos, recháceos y haga una declaración como la de Daniel: "Mi Dios tiene poder. Ya lo ha hecho por mí en el pasado, y sé que lo hará por mí otra vez en el futuro".

Mi reto es que usted mantenga su mente enfocada en la dirección correcta. Cuando usted es positivo, se mantiene en la corriente de aire de Dios. Aprenda a tener pensamientos positivos a propósito: "Este será un gran día. Algo bueno me va a pasar".

Comience su día en fe. Si desarrolla esta mentalidad positiva no sólo será más feliz, más sano y más fuerte, sino que también, yo creo y declaro, usted conseguirá más de lo que jamás haya imaginado. Superará obstáculos que parecían imposibles, y se convertirá en todo lo que Dios le ha creado para ser. ¡Usted puede y lo hará!

CAPÍTULO 5

Comprométase con la excelencia

Vivimos en una sociedad en la que la mediocridad está a la orden del día. Muchas personas hacen lo mínimo que se requiera para seguir adelante. No están orgullosos de su trabajo o de quiénes son. Si alguien está mirando, hacen las cosas de una forma, pero cuando nadie está mirando recortarán de donde puedan para escoger el camino más fácil.

Si usted no tiene cuidado, puede ser arrastrado a esta mentalidad en la que piensa que está bien llegar tarde al trabajo, que no importa no verse lo mejor posible, y que tampoco importa no dar lo mejor de uno. Pero Dios no bendice la mediocridad. Dios bendice la excelencia. Me he dado cuenta de que la quinta cualidad innegable de un ganador es estar comprometido con la excelencia.

Cuando usted tiene un espíritu de excelencia, hace su mejor trabajo sin importar si alguien está mirando o no. Recorre la milla extra. Hace más de lo que tiene que hacer.

Otras personas pueden quejarse de sus trabajos. Pueden ir desaliñados y recortar en lo que puedan. No se rebaje ese nivel. Puede que todo el mundo afloje en el trabajo, haga concesiones en la escuela, se despreocupe de su jardín, pero aquí está la clave: usted no es todo el mundo. Usted está por encima de los demás. Usted es llamado a la excelencia. Dios quiere que usted deje el listón más alto de todos.

Usted debería ser el empleado modelo de su compañía. Su jefe y sus supervisores deberían poder decir a los nuevos empleados: "Mírale a él. Aprende de ella. Desarrolla sus mismos hábitos. Esta persona es lo mejor de lo mejor, siempre a tiempo, con una gran actitud, y haciendo más de lo que se requiere".

Cuando usted tiene un espíritu excelente como ese, no sólo verá ascenso y aumento, sino que también está honrando a Dios. Algunas personas piensan: "Voy a ir a la iglesia para honrar a Dios. Voy a leer mi Biblia para honrar a Dios". Y sí, eso es verdad, pero a Dios le honra igualmente llegar al trabajo a tiempo. A Dios también le honra que usted sea productivo, y que se vea bien cada día.

Cuando usted es excelente, su vida alaba a Dios. Este es uno de los mejores testimonios que se puede tener. Algunas personas nunca irán a la iglesia. Nunca escuchan una predicación. No leen la Biblia. En lugar de eso, leen su vida. Ellos están observando cómo vive usted. Por tanto, no sea despreocupado. Cuando salga de la casa, ya sea que lleve puestos pantalones cortos o un traje de tres piezas, asegúrese de que se ve lo mejor que puede. Usted está representando al Dios todopoderoso.

> *Honre a Dios en todo lo que haga.*

Cuando usted vaya al trabajo, no afloje, y no haga un esfuerzo a medias. Dé lo mejor de sí. Haga el trabajo lo mejor que pueda. Debería estar tan lleno de excelencia que otras personas quieran lo que usted tiene.

Cuando usted es una persona de excelencia, hace más de lo necesario. No sólo cumple los requisitos mínimos; va la milla extra. Esta frase viene de la Biblia. Jesús lo dijo en Mateo 5:41: "Y a cualquiera que te obligue a llevar carga por una milla, ve con él dos". En aquellos tiempos, los soldados romanos tenían permiso por ley para obligar a alguien a llevar su armadura.

Sobrepase las expectativas

Jesús dijo: "Haga más de lo esperado, llévelo dos millas". Esta es la actitud que usted debe tener: "No sólo voy hacer lo que tengo que hacer. No voy a hacer lo mínimo para mantener mi puesto de trabajo. Soy una persona de excelencia. Voy más allá de lo que se me pide. Hago más de lo que se espera de mí". Esto significa que si usted debe estar en el trabajo a las 8:00 de la mañana, debería llegar diez minutos antes.

Usted produce más de lo que debe. Se queda diez minutos más. No comienza a cerrar treinta minutos antes de la hora de cierre. Usted hace un día completo. Muchas personas llegan al trabajo quince minutos tarde. Agarran un café, se pasean por la oficina, y finalmente se sientan para trabajar media hora tarde. Malgastarán otra media hora haciendo llamadas telefónicas personales y navegando por la Internet. Luego se preguntan por qué no son ascendidos. Es porque Dios no recompensa el trabajo mal hecho. Dios recompensa la excelencia.

En el Antiguo Testamento, Abraham mandó a su sirviente a un país extranjero para encontrar una esposa para su hijo Isaac. Abraham le dijo al sirviente que sabría que había encontrado la mujer apropiada si ella le ofrecía agua a él y a sus camellos. El sirviente llegó a la ciudad al atardecer. Una mujer joven y hermosa llamada Rebeca salió al pozo. El sirviente dijo: "Tengo sed. ¿Te importaría bajar tu cubo y darme un poco de agua?".

Ella dijo: "No sólo eso, sino también les daré agua a tus camellos".

Aquí está lo interesante: después de un largo día de caminar, un camello puede beber 110 litros de agua. Este sirviente tenía diez camellos con él. Piense en lo que hizo Rebeca. Si tenía un cubo de agua de tres litros aproximadamente, ella dijo, en efecto: "Sí, no sólo haré lo que me pides y te daré agua, sino que también bajaré mi cubo 367 veces más y les daré agua a tus camellos".

Rebeca fue mucho más allá de lo que se le había pedido. Como resultado, fue elegida para casarse con Isaac, que venía de la familia más rica de ese tiempo. Dudo que tuviera que volver a sacar 110 litros de agua en su vida.

Dios recompensa la excelencia. Cuando usted hace más de lo que se requiere, verá la bondad de Dios en formas nuevas.

Puede que esté declarando favor y ascenso sobre su vida, y eso está bien, pero es sólo una parte. La segunda parte es asegurarse de llegar a tiempo al trabajo, hacer más de lo requerido, y hacer todo mejor este año que el año pasado.

Estamos en un mercado muy competitivo. Si usted

no está creciendo, mejorando y aprendiendo nuevas habilidades, entonces se está quedando atrás.

Los domingos por la tarde, después de nuestra última reunión, me siento delante de un editor de video y edito mis propios sermones. En quince años, he dado más de 625 mensajes. Seguro que no necesito ver otro más. Si no lo puedo hacer bien hasta ahora, nunca sucederá.

A pesar de eso, estudio cada uno de ellos para ver lo que está bien y lo que podría mejorar. Me daré cuenta de que me llevó demasiado tiempo desarrollar un punto, o que otra sección del mensaje estuvo muy bien. A lo mejor me daré cuenta de que estoy hablando un poco rápido o que necesito mirar a una parte del público más a menudo.

Constantemente estoy evaluando y analizando no sólo la forma en que he hablado, sino también la producción, la iluminación y los ángulos de las tomas. Mi actitud es que siempre hay lugar para la mejora. Siempre podemos mejorar.

La gente que lo ve en la televisión a veces dice: "Joel, nunca le oigo tartamudear, y nunca le oigo cometer un error". ¡Yo siempre les digo que es porque sé editar! Hice eso durante diecisiete años. Puedo arreglar cada tartamudeo, y cada pausa. No necesito hacerlo. Mis emisiones en vivo no están mal, pero quiero que mis sermones grabados estén lo mejor posible. No quiero estar al mismo nivel que estoy ahora el año que viene. Quiero ser más eficaz, tener más habilidad y causar un mayor impacto.

Busque la excelencia

Cuando usted es una persona excelente, no se estanca. Siempre está dando pasos para mejorar. El favor y ser excelente van de la mano. El aumento, el ascenso, y alcanzar su máximo potencial están todos ellos vinculados a un espíritu de excelencia.

Arreglarse lo mejor que pueda y cuidar sus posesiones son también parte de este estilo de vida. Algunas personas, y digo esto con respeto, conducen autos que no han sido lavados en seis meses. Antes era de dos colores. Ahora es de cuatro. Si lo lavaran, pesaría menos y por tanto haría más kilómetros con la misma cantidad de gasolina. Ellos argumentan que es un trasto viejo y que están planeando comprarse un auto mejor. Pero si usted no cuida lo que Dios le ha dado ahora, ¿cómo podrá Él bendecirle con más?

Yo he estado en chabolas en África con pisos de tierra y sin agua corriente, pero están impecables. Todo está limpio, organizado, y cada cosa en su lugar. ¿Por qué? Porque las personas que viven ahí tiene un espíritu de excelencia. Ya sea que usted tenga mucho o poco, ya sea viejo o nuevo, presuma de lo que Dios le ha dado.

Después de las reuniones en nuestra iglesia, yo suelo ir al área de los visitantes para saludar a nuestros invitados. Por el camino, si veo un trozo de papel en el piso, el envoltorio de un chicle o un boletín, siempre lo recojo. Yo no tengo que hacer eso. Finalmente, alguien de nuestro personal lo hará, pero cuando se tiene este espíritu de excelencia, esto sale de dentro. Ver basura en el piso es algo que me incomoda.

Hay veces que a los niños de nuestra guardería se les caen galletas en el pasillo. Yo siempre le pido a mi asistente que llame al equipo de limpieza si hay un gran desorden. No quiero que la gente que venga a la próxima reunión vea eso en el piso. ¿Por qué? No se puede considerar excelencia si hay desorden en el piso. Me doy cuenta de que este edificio representa a Dios todopoderoso. Tengo la responsabilidad de hacerme cargo de que se vea excelente. Por eso lo mantenemos pintado. Nos aseguramos de que el césped se vea perfecto, de que los pasillos estén impecables, que el equipo funcione, que las cámaras sean de última generación, y que las emisiones televisivas sean excepcionales.

¿Por qué? Representamos a Dios, y Dios no es descuidado. Dios no está en decadencia. Dios no es de segunda clase. Él es un Dios excelente.

Esto no significa que usted debe tener lo mejor para representarle, sino que debería cuidar lo que tiene lo mejor que pueda. A veces, un cubo de pintura puede marcar toda la diferencia. Arrancar algunas malas hierbas, limpiar la alfombra, y organizarse mejor. Haga lo que pueda para representar a Dios de una manera excelente.

Cuando nuestros hijos eran pequeños les llevamos a Disneylandia. El lugar estaba impecable. Nunca vi chicle pegado al suelo. Cientos de miles de personas pasan por ese lugar cada año, pero el parque parecía nuevo. Yo pensé: "¿Cómo lo hacen?". Un día, vi a algunos empleados paseándose con herramientas que rascan el chicle. Eso es lo que hacen durante todo el día.

Si Disney puede mantener sus parques limpios y esa sensación de primera clase, nosotros también deberíamos hacer que la casa de Dios esté limpia y sea de primera clase. Ahora, aplique las mismas normas a su propia vida, a su casa, a su auto, a su ropa, a su oficina y a su habitación. No estoy hablando de gastar mucho dinero. Es cómo decide cuidar lo que Dios le ha dado. Yo le estoy pidiendo que lo haga con excelencia.

Hágalo con excelencia.

Hace algunos años, estaba conduciendo al edificio de la iglesia que ocupábamos antes de lo que es ahora nuestra casa. Por alguna razón, ese día me di cuenta de que mucha gente en esa zona no estaba cuidando sus casas. El césped de los jardines no estaba cortado. Había malas hierbas por todos lados, y las cosas estaban almacenadas por doquier.

No es por ser crítico, sino que simplemente se veía descuidado, casa tras casa. A medida que seguía conduciendo, me di cuenta que en medio de todas esas casas había una casa que resaltaba. El césped estaba cortado. El jardín estaba inmaculado. La casa estaba pintada. Todo estaba perfectamente en su lugar.

Cuando llegué a la iglesia, comenté acerca de esa casa, y alguien dijo: "¿No sabías que esa casa es de Fulano y Mengano? Ellos son unos de nuestros miembros más fieles". Eso no me sorprendió nada. La gente de Lakewood es gente de excelencia.

Ellos resaltaban entre la multitud. Estaban por encima de los demás. Fácilmente podrían haber tenido la actitud de: "Nadie cuida de su casa, ¿por qué deberíamos hacerlo nosotros?". Pero ellos eligieron tener un espíritu excelente.

Puede que usted esté en una situación hoy en la que

todo el mundo a su alrededor está siendo vago. Todos están siendo descuidados. Todos están escogiendo el camino más fácil. No deje que eso se le pegue. Usted debería ser el que tenga el espíritu excelente. Usted debería ser el que resalta entre la multitud.

Usted podría decir: "Joel, ¿quiere decir que compré este libro para que me diga que limpie mi casa?". No sólo eso, ¡también debería cortar el césped! Y organice el garaje, ya que se pone.

En serio, ¿qué clase de ejemplo es para sus amigos, vecinos y compañeros de trabajo si su jardín está descuidado, nunca lava su auto y llega tarde al trabajo? Esa no es una buena representación, y la verdad es que usted no es así. Dios le creó como una persona de excelencia. Puede que el único ejemplo que usted haya tenido sea de mediocridad, o descuido, y puede que la gente con la que trabaja siempre llega tarde y es indisciplinada. Pero Dios le está llamando para fijar un nuevo listón.

Dios le llevará a lugares más altos de lo que usted se haya podido imaginar jamás, pero debe hacer su parte y sacar la excelencia que lleva dentro. No ponga excusas. No diga: "Así he sido siempre". Tome este reto y elévese a un nivel más alto de excelencia.

Esto también se aplica a nuestra apariencia personal: la forma en que usted se viste y la forma en que se presenta. Todos tenemos estilos diferentes y diferentes gustos. No hay correcto e incorrecto. Puede que a usted no le guste ponerse traje, y no hay nada de malo en eso. Lo principal es que se presente de una forma de la que esté orgulloso.

No salga de su casa sintiéndose desaliñado, sintiendo que

no se ve lo mejor que podría, o sabiendo que no se tomó el tiempo de arreglarse como debería. Usted es templo del Dios altísimo.

Cuídese a usted mismo

Dios vive dentro de usted. Tome tiempo para cuidarse a sí mismo. Algunas mujeres, en particular, cuidan de todos los demás, poniendo primero a sus hijos, siendo buenas esposas, sacando la casa adelante, o haciendo su trabajo. Eso está bien, pero también necesitan cuidar de sí mismas.

Hágase las uñas. Arréglese el cabello en una peluquería. Vaya a que le den un masaje. Váyase de compras, haga ejercicio. Diviértase con sus amigos. Cuide de su templo de forma excelente.

Algunos hombres no han comprado ropa nueva en veintisiete años. Las camisetas que llevan se han puesto de moda y se han pasado de moda tres veces. Están cuidando de sus familias. Son buenos trabajadores. Ahora tiene que cuidarse a ellos mismos también. Cuando usted se ve bien, se siente mejor.

Una vez, Victoria me pidió que me acercara al supermercado a comprar algo para que pudiera terminar de hacer la cena. Yo acababa de hacer ejercicio. Tenía calor y estaba sudoroso, y llevaba puesta una camiseta vieja y rota, junto con unos desgastados pantalones cortos de deporte que antes me ponía siempre. No me había peinado. Me veía muy mal, pero no tenía ganas de arreglarme.

Me subí al auto y fui en dirección al supermercado, esperando no ver a nadie. Me estacioné y escuché que Dios me decía, no de forma audible, si no como un sentimiento interno: "Joel, no se te ocurra entrar así. ¿No te das cuenta de que me estás representando? Yo soy el Rey de reyes. Merezco respeto y honor".

Me di la vuelta y conduje de nuevo hasta casa, me di una ducha, me peiné, me puse ropa limpia, ¡y regresé a comprar esa comida precocinada! ¡No es broma! Tenemos que entender que representamos al Dios todopoderoso. A Dios no le gusta la flojera. Incluso en casa a todos nos gusta vestir muy casual, pero asegúrese de verse bien para sus hijos y para su cónyuge.

Algunas señoras deben deshacerse de batas de casa que les dieron sus tatarabuelas y comprar algo nuevo. Puede que a usted le gusten porque son cómodas y tienen valor sentimental, pero le voy a decir algo que nadie más le dirá: ¡son feas! Usted es demasiado hermosa para ponerse eso. Tome su tarjeta de crédito y vaya a cierta tienda en el centro comercial. No voy a hacer propaganda gratuita, pero empieza con el nombre de mi mujer: Victoria. No se lo puedo contar todo porque es, como dicen en inglés, un *secret*. Usted seguro que lo averiguará. Compre algo que la haga verse como la obra maestra que Dios creó que sea.

Desarrolle un hábito de excelencia

Cuando vaya a una tienda y accidentalmente tire ropa de la percha, no lo dejé ahí ni haga como que no lo vio. Una persona de excelencia lo recoge y lo pone en su sitio. Cuando está comprando en el supermercado y decide que mejor no quiere la caja de cereales, no la ponga al lado de las patatas fritas. Una persona de excelencia lleva la caja de cereales al lugar que le corresponde.

Usted podría decir: "Para eso les pagan a los empleados". Usted debería hacerlo para Dios. Debería hacerlo porque tiene un espíritu de excelencia. Una persona de excelencia no se estaciona en el lugar para discapacitados porque está más cerca de la entrada al centro comercial. Una persona de excelencia apaga la luz en la habitación del hotel cuando se va para ahorrar energía y gastos al hotel. No dice: "Estoy pagando un buen dinero por esa habitación. No tengo por qué hacer eso".

Las personas de excelencia van la milla extra para hacer lo que es correcto. Lo hacen no porque alguien está mirando, y no porque alguien les obliga. Lo hacen para honrar a Dios.

Vaya la milla extra.

En nuestra casa teníamos unos botellones grandes de agua, con capacidad para unos veinte litros. Estaban dentro de grandes recipientes de cristal, cada uno con un cuello. Había que ponerlos boca abajo en un dispensador especial, y así salía el agua. No sólo eran muy pesados, sino también muy difíciles de manejar. A Victoria le gusta que todo esté muy limpio. A pesar de que la parte por la cual entra el agua estaba completamente sellada, el receptor entraba hasta dentro del cuello de botella. No hay forma de acceder a ello. Tendría que romper el sello.

Pero Victoria insistía en que toda la botella fuera fregada con jabón. Cuando el cristal tenía jabón, se ponía muy escurridizo, incluso después de secarlo. Yo debatí con ella varias veces, diciendo que no era necesario limpiar toda la botella. Se lo expliqué con pasión, pero no pude convencerla.

Le di mi palabra de que lo haría. Pero hubo muchas veces que estaba en la despensa yo solo, nadie me podía ver, y empezaba a poner la botella en el dispensador sin limpiarla, y entonces comenzaba a oír esa pequeña voz que me decía: "Joel, haz lo correcto. Sé una persona de excelencia. Mantén tu palabra".

Más de una vez, ya la había puesto en el soporte y tuve que bajarla e ir a buscar el jabón. La excelencia es hacer lo correcto aún cuando nadie nos ve. Aún cuando creemos que no es necesario. Incluso cuando no estamos de acuerdo. Usted dio su palabra, así que tiene que cumplirla.

A veces usted tiene que decir: "Dios, no tengo ganas de hacer esto, pero lo haré como para ti". O: "creo que mi jefe está siendo injusto al decirme que haga esto, pero lo haré como para ti". O: "alguien más fue la causa del desorden y yo no lo debería limpiar, pero Dios, lo haré como para ti".

Apruebe el pequeño examen

Muchas personas no disfrutan del favor de Dios como deberían, porque no pasan los pequeños exámenes. Ser excelente puede que no sea algún gran ajuste que usted tenga que hacer. Puede que tan sólo signifique salir diez minutos antes para llegar al trabajo a tiempo. También puede significar no quejarse cuando tiene que recoger. Puede significar no hacer llamadas telefónicas personales en horario de trabajo: tan sólo una cosa pequeña. Nadie lo sabría. Pero la Escritura dice: "Son las pequeñas zorras las que echan a perder las viñas".

Si yo hubiera puesto esa botella semana tras semana sin limpiarla, nadie lo hubiera sabido excepto Dios y yo. Podría haberme salido con la mía, pero aquí está la clave: no quiero que algo pequeño impida que Dios desate algo grande en mi vida.

Hace algún tiempo, estaba en el estacionamiento de una tienda y fuera hacía mucho viento. Cuando abrí la puerta de mi auto, varios pedazos de basura se volaron al suelo. Cuando fui a recogerlos, el viento se los llevó como unos cinco o seis metros en diferentes direcciones. No me apetecía ir a recoger esos trozos de basura. Miré alrededor y ya había todo tipo de basura en el estacionamiento.

Yo tenía prisa. Se me ocurrieron varias buenas excusas para por qué no debería recogerlo. Casi me había convencido a mí mismo de dejarlos ir, pero en el último momento decidí que iba a ser una persona de excelencia y recoger mi basura. Los trozos se habían volado por aquí y por allá. Terminé corriendo por todo ese estacionamiento.

Mi mente decía: "¿Qué estoy haciendo aquí fuera? No importa, deja que se vuelen". Cuando finalmente recogí toda la basura, volví a mi auto. No me había dado cuenta, pero había una pareja sentada en el auto que estaba al lado mío, viendo todo. Bajaron la ventanilla y me dijeron: "Hola, Joel. Lo vemos en la televisión cada semana".

Entonces la señora dijo algo muy interesante: "Estábamos observando lo que usted haría".

Yo pensé: "Oh, gracias Jesús".

Ya sea que se dé cuenta o no, la gente le está mirando. Asegúrese de representar a Dios de la forma correcta.

Distíngase de los demás

En el capítulo anterior mencioné a Daniel. La Escritura dice que él tenía un espíritu excelente. Cuando era adolescente, fue llevado de Judá a Babilonia. El rey tenía a muchos jóvenes entrenándose, y los mejores, los más listos, los más fuertes y los más talentosos, serían escogidos para ser los nuevos líderes.

Ellos tenían cierta dieta a la hora de comer y ciertos programas que seguir. Pero Daniel hizo un pacto con Dios de honrarle siempre. Los babilonios adoraban a ídolos. Daniel era respetuoso, pero no comía la sofisticada comida del rey. No se dejaba llevar por lo que los demás hacían. Él tomó la decisión más excelente.

Daniel 6:3 dice: "Y tanto se distinguió Daniel por sus extraordinarias cualidades administrativas, que el rey pensó en ponerlo al frente de todo el reino". Fíjese en que no dice: "Dios le distinguió y fue ascendido". Dice que Daniel se distinguió. La traducción de *The Message* dice que Daniel sobrepasaba completamente a los demás.

Eso es lo que sucede cuando, primero, usted honra a Dios, y segundo, tienen un espíritu excelente. Usted no compromete sus valores. No se deja llevar por lo que todos los demás estén haciendo.

Aunque todos los demás lleguen tarde, recorten de donde puedan y sean indisciplinados, usted debería hacer como hizo Daniel y recorrer la milla extra. Tome la decisión de ser excelente.

> *Tome la decisión de ser excelente.*

La Escritura continúa diciendo que Daniel era diez veces más listo que los otros jóvenes. Tenía una sabiduría y un entendimiento increíbles. Podía interpretar sueños y visiones. Cuando usted tenga un espíritu excelente, Dios le dará favor, creatividad e ideas sin precedente para que, como Daniel, destaque entre la multitud. En humildad, usted sobrepasará a aquellos que no honran a Dios.

Mi pregunta es: ¿Se está usted distinguiendo y no esperando a que Dios lo haga? ¿Está yendo la milla extra? ¿Está haciendo más de lo que debe hacer? ¿Está mejorando sus habilidades?

Examine su vida. Todos tenemos áreas en las que podemos ser más excelentes, ya sea en la forma en que tratamos a los demás, cómo nos presentamos, o cómo desarrollamos nuestras habilidades. No deje que las cosas pequeñas le impidan tener las cosas grandes que Dios quiere hacer. Usted está llamado a estar por encima de los demás. Tiene la excelencia dentro. Usted es así. Ahora, haga su parte y sea disciplinado. Saque su excelencia.

Si tiene este espíritu de excelencia, Dios soplará en dirección a usted y le hará sobresalir. Usted mirará hacia arriba y será más creativo, más habilidoso, más talentoso, y con más sabiduría y más ideas. Creo y declaro que, como Daniel, usted conseguirá mejores resultados que los demás, los superara y brillará, y Dios le ascenderá y le pondrá en un lugar de honor. Usted puede y lo hará.

CAPÍTULO 6

Siga creciendo

Demasiadas personas padecen la enfermedad del destino. Llegan a cierto nivel, terminan su carrera, compran la casa de sus sueños, y entonces simplemente se dejan llevar.

Hay estudios que muestran que el 50 por ciento de los graduados de educación secundaria no vuelven a leer un libro entero. Una razón podría ser que ven el aprendizaje como algo que se hace en la escuela, tan sólo algo que se hace durante un periodo determinado de la vida, no como una forma de vida.

Cuando estábamos en la escuela, todos aprendimos. Nuestros maestros, entrenadores y padres nos enseñaron. Se esperaba de nosotros que aprendiéramos mientras estábamos en edad escolar. Pero algunos tienden a pensar esto una vez que acaben cierto nivel de educación: "He terminado la escuela. He terminado mi entrenamiento. Tengo un buen trabajo".

Los ganadores nunca dejan de aprender, y esta es la sexta innegable cualidad que he observado. Dios no nos creó para alcanzar un nivel y después detenernos. Ya sea que usted tenga nueve o noventa años, constantemente debería estar aprendiendo, mejorando sus habilidades, y mejorando en lo que hace.

> *Nunca deje de aprender.*

Usted debe tomar responsabilidad de su propio crecimiento. El crecimiento no es automático. ¿Qué pasos está dando para mejorar? ¿Está leyendo libros, o escuchando videos o audios educativos? ¿Está tomando algún curso en la Internet, o asistiendo a seminarios? ¿Tiene usted mentores? ¿Está reuniendo información de personas que saben más que usted?

Los ganadores no pueden simplemente vivir dependiendo de lo que ya han aprendido. Usted tiene tesoros en el interior (dones, talentos y potencial) que han sido puestos ahí por el Creador del universo. Pero esos dones no saldrán automáticamente. Deben ser desarrollados.

He leído que los lugares más ricos de la tierra no son los campos de petróleo del Oriente Medio o las minas de diamantes de Sudáfrica. Los lugares más ricos son los cementerios. Enterrados en la tierra hay negocios que nunca fueron formados, libros que nunca fueron escritos, canciones que nunca fueron cantadas, sueños que nunca vivieron, y potencial que nunca fue desatado.

Haga que sus dones crezcan

No se vaya a la tumba con ese tesoro enterrado. Siga creciendo. Siga aprendiendo. Cada día deberíamos tener la meta de crecer de alguna forma, de aprender algo nuevo.

Pablo Casals fue uno de los mayores chelistas de todos los tiempos. Comenzó a tocar cuando tenía doce años y consiguió cosas que ningún otro chelista hizo. Era conocido alrededor del mundo como el más grande en su campo.

Aun así, cuando tenía ochenta y cinco años, Casals seguía practicando cinco horas al día. Un reportero le preguntó por qué aún ponía tanto esfuerzo en ello. Él sonrió y dijo: "Creo que estoy mejorando".

Casals entendió este principio: cuando usted deja de aprender, deja de crecer. En cualquier cosa que usted haga, mejore. Perfeccione sus habilidades. No esté el año que viene en el mismo nivel que está hoy. Igual que el gran chelista, mejore.

Hay todo tipo de oportunidades para crecer. Actualmente hay más conocimiento disponible que en cualquier otro momento de la historia. No tiene ninguna excusa para no mejorar. Usted no tiene que ir a una biblioteca. Ni siquiera tiene que viajar hasta una universidad. Con la Internet, la información llega directamente a su propia casa. La Internet no fue creada tan sólo para compartir imágenes, jugar a juegos o consultar horarios de películas. Todo esto está bien, pero la Internet es una herramienta que le puede ayudar a aumentar sus talentos. Es la herramienta para ayudarle a aprender el "modus operandi" de un ganador.

Usted tiene una responsabilidad no sólo con Dios, no sólo con su familia, sino también con usted mismo en la que debe desarrollar lo que Él ha puesto en usted. Si trabaja en el área de ventas, recursos humanos, automecánica o sanidad, siempre puede ampliar su conocimiento y mejorar sus habilidades. Lea libros para aprender cómo comunicarse, trabajar en un equipo, o dirigir más eficazmente.

No importa lo que usted haga, hay personas que ya han ido a donde usted va. Escuche lo que ellos tienen que decir. Tome veinte minutos al día, apague la televisión e invierta en usted mismo.

Debería estar haciendo algo estratégico e intencional cada día para mejorar sus habilidades. No sea ambiguo al proponérselo. No diga cosas como: "Lo haré si tengo tiempo".

Usted es más sabio que eso. Tiene demasiadas cosas en su interior como para quedarse donde está. Su destino es demasiado grandioso como para quedarse estancado.

Muchas veces nos sentamos y pensamos: "Dios, estoy esperando en ti, estoy esperando ese gran avance". Permítame decirle quién consigue los grandes avances: las personas que están preparadas; aquellos que continuamente desarrollan sus habilidades.

Usted debe ser proactivo al dar estos pasos para crecer. Cuando Dios vea que usted está haciendo su parte y está desarrollando lo que Él le ha dado, entonces Él hará su parte y abrirá puertas que ningún hombre puede cerrar. Puede que usted sea tentado a decir: "Bueno, Joel, es que estoy muy ocupado. No tengo tiempo para tomar ningún curso de entrenamiento. No tengo tiempo para leer libros ni para aprender cosas nuevas. Me quedaré atrás".

Esa no es la actitud correcta. Es como esos dos leñadores que estaban cortando árboles. Uno dijo: "Voy a tomar un descanso para afilar mi hacha". El otro dijo: "Yo no tengo tiempo para parar. Tengo demasiado trabajo por hacer. Afilar mi hacha me hará retrasarme".

Él siguió cortando y cortando. El otro hombre fue y afiló su hacha. Regresó tres horas después, y cortó el doble de árboles que su amigo con el hacha sin afilar. A veces, usted necesita tomar un descanso y afilar su hacha. Si perfecciona sus habilidades, no necesitará trabajar tan duro. Si mejora sus habilidades, conseguirá más en menos tiempo. Será más productivo.

No se estanque

Ya sea usted maestro, carpintero, banquero o médico, no se estanque. No se duerma en los laureles. Remueva lo que Dios ha puesto en usted y mejore en ello. Afile su hacha.

Esto es una llamada a la acción. En su futuro hay nuevos niveles. Las cosas han cambiado en su favor. Dios

> *No se duerma en los laureles.*

está buscando personas que estén preparadas y dando pasos para mejorar. Él está buscando aquellos que van en serio en cuanto a cumplir su destino.

Piense en el David de la Biblia. Estaba en el campo cuidando de las ovejas de su padre. En términos actuales, tenía un trabajo de sueldo mínimo aburrido y no tenía amigos, y además no parecía que hubiera ninguna oportunidad de crecimiento.

Los hermanos de David consiguieron los trabajos buenos. Ellos estaban en el ejército. Eso era un trabajo prestigioso. Ellos eran admirados y respetados.

David pudo haber holgazaneado, pudo haber sido mediocre, y pudo haber perdido la motivación y pensar: "No hay razón para desarrollar mis habilidades, no tengo ninguna oportunidad, estoy estancado aquí con estas ovejas".

En lugar de eso, cuando estaba solo no se la pasaba sentado, aburrido y perdiendo el tiempo. Él practicaba usando su honda día tras día y mes tras mes. Puedo imaginarle poniendo una diana, lanzando piedras una y otra vez, aprendiendo, mejorando, haciendo ajustes y mejorando sus habilidades.

Cuando un coyote o un animal salvaje llegaba a capturar sus ovejas, para David no había problema. Él sacaba su honda y acertaba el tiro. Él era como un francotirador; tan preciso y habilidoso que podía dar a una diana desde cien metros de distancia.

Cuando Dios buscó a alguien para derrotar a un gigante, alguien que liderara a su pueblo escogido, buscó a alguien preparado. Él quería alguien que hubiera desarrollado sus habilidades, y que se hubiera tomado el tiempo de cultivar los dones que Él le había dado. No escogió a cualquiera; seleccionó a un habilidoso francotirador que podía dar a un blanco con precisión.

Del mismo modo, cuando Dios busca alguien a quien ascender, Él no cierra sus ojos y al azar dice: "Escogeré a este. Usted ganó la lotería. Es su día de suerte".

No, Dios busca personas que hayan desarrollado sus talentos. Cuando leemos sobre cómo David se situó frente a Goliat y lanzó esa piedra, a veces pensamos que todo fue obra de la mano de Dios. En un sentido sí fue Dios, pero la verdad es que Dios no lanzó la piedra. Dios no hizo que la piedra le diera a Goliat en el lugar apropiado.

Fue David, que desarrolló y usó los talentos que Dios le había dado. Igual que David, Dios ha puesto en usted una serie de habilidades especiales que acabarán con retos gigantes, y abrirán nuevas puertas; habilidades que le lanzarán a nuevos niveles.

Pero aquí está la clave: sus habilidades deben ser desarrolladas. Cada día que pase aprendiendo, creciendo y mejorando, le preparará para ese nuevo nivel.

Prepárese a usted mismo para ser un ganador

Puede que tenga un trabajo de clase baja, haciendo algo que parece insignificante. Pero usted sabe que tiene mucho más en su interior. Sería fácil aflojar y pensar: "Aquí no hay futuro. Me prepararé en cuanto salga de este lugar, cuando me pasen cosas buenas, o cuando mi jefe me ascienda. A lo mejor entonces tomaré cursos, perderé algunos kilos, tendré una mejor actitud y compraré ropa más bonita".

Eso es al revés. Usted debe comenzar a mejorar en el lugar donde está. Comience a perfeccionar sus habilidades mientras espera. Estudie los hábitos de trabajo de su encargado. Estudie el comportamiento de su mejor supervisor. Aprenda a hacer las tareas de ellos. Esté listo para tomar esos puestos.

Cuando Dios le ve prepararse, Él abre nuevas puertas. La Escritura dice: "Los dones de un hombre hacen lugar para él". Si no se abren nuevas puertas, no se desanime.

Simplemente desarrolle sus dones de una forma nueva. Perfeccione sus habilidades.

Puede que usted sienta que sus supervisores no se irán a ningún lado de momento, pero si usted los sobrepasa, los supera, hace mejor el trabajo que ellos y sabe más que ellos, los dones que tiene harán lugar para usted. En algún lugar, de alguna forma y de alguna manera, Dios abrirá una puerta y le pondrá donde Él quiere que usted esté.

No se preocupe de quien está por encima del usted o cuándo llegará el momento. Simplemente siga creciendo, aprendiendo y preparándose. Cuando usted esté listo, las puertas adecuadas se abrirán.

El hecho es que puede que Dios no quiera que usted tenga el puesto de su supervisor. Puede que ese puesto sea demasiado bajo para usted. Puede que Él quiera lanzarle por encima de su jefe y ponerle en un nivel completamente nuevo. Conozco a exrecepcionistas que pasaron de atender los teléfonos a dirigir compañías multimillonarias.

Usted puede y lo hará. Desarrolle lo que está en su interior, e irá más lejos de lo que puede imaginar.

¿Ha contraído usted la enfermedad del destino? Está cómodo, sin aprender nada nuevo. No hay nada de malo en eso, pero usted tiene mucho más en su interior.

Usted fue creado para mejorar

Hay estudios que nos dicen que la persona promedio tan sólo usa el once por ciento de su cerebro. Piense en todo ese potencial del que podría estar beneficiándose. A lo mejor usted es contable. Eso está bien, pero no se estanque. ¿Por qué no conseguir su certificado de contable público? Esa es una nueva habilidad que usted puede desarrollar. Ese don le abrirá más campo.

Puede que usted sea electricista, fontanero o mecánico. Eso esta genial, pero ¿qué pasos está usted dando para mejorar sus habilidades y su posición en la vida? Si pasa dos horas al día mejorando las mismas habilidades, en tres años será un experto en ese área.

Encuentre lo que se le da bien y siga mejorando en eso. En el actual mercado tan competitivo, con la economía

> *Siga mejorando.*

tan ajustada y los negocios tan enfocados en el balance, si usted no está mejorando, entonces se está quedando atrás. Si su nivel de habilidad sigue en el mismo lugar que estaba hace cinco años, usted está en desventaja.

Quiero encender un nuevo fuego bajo usted. Sacúdase esa enfermedad del destino. Perfeccione sus habilidades. Leí un artículo sobre cómo reducir el riesgo de ser despedido. Había principalmente tres cosas que los empleadores tenían en cuenta a la hora de determinar quién se queda. Ellos buscan a quienes tienen actitudes positivas, flexibilidad, y el deseo de seguir aprendiendo y mejorando.

Para ser un ganador, usted necesita desarrollar sus dones hasta el punto en que su compañía no pueda salir adelante sin usted. O por lo menos, usted debería hacer saber a sus jefes que las cosas no marchan ni la mitad de bien cuando usted no está.

Si usted no está durante una semana y nadie le echa en falta (las ventas son igual de buenas, todo el trabajo se lleva a cabo igualmente), eso está bien mientras usted sea el dueño de la empresa; pero si es un empleado, eso es alarmante. Si a usted no se le echa en falta, entonces puede que ni siquiera haga falta.

Necesita pasar a otra marcha. Produzca más de lo que ha estado produciendo hasta ahora. Tome algunas clases para mejorar sus habilidades. Échele más ganas. No se conforme con una posición baja en la que nadie le echará en falta. Usted tiene tesoros en su interior. Tiene talentos y habilidades que harán que se le tome en cuenta. Proverbios 22:29 dice: "¿Has visto hombre solícito en su trabajo? Delante de los reyes estará". Siga perfeccionando sus habilidades. La espuma siempre sube a la superficie.

Esto es lo que hizo José en la Biblia. Comenzó en lo más bajo. Fue echado en un pozo y vendido como esclavo por sus hermanos. José no esperó la reivindicación. Decidió ser lo mejor que podía ser. Incluso como esclavo, desarrolló sus dones.

José se hizo a sí mismo tan valioso, que fue puesto a cargo de la casa de su señor. Cuando fue acusado falsamente y echado en prisión, era tan organizado, sabio y habilidoso, que le pusieron a cargo de toda la prisión.

José era espuma surgiendo a la superficie. Cuando el faraón necesitaba alguien para liderar el país y administrar el programa alimenticio nacional, no escogió a uno de sus hombres. No escogió al líder de su departamento, o un miembro de su gabinete. Escogió a José, un prisionero y un extranjero.

¿Por qué? José desarrolló sus habilidades en el lugar donde estaba, y sus dones hicieron lugar para él. No use el lugar donde está como una excusa para no crecer. No diga: "No estoy en un buen trabajo. No me gusta mi puesto. Me han pasado cosas injustas. Por eso he perdido mi pasión".

Recuerde: El tesoro sigue dentro de usted. Dios está diciendo que es tiempo de usar sus dones. Estírese. Tome cursos y perfeccione sus habilidades. Usted debería ser tan productivo y tan lleno de sabiduría que sin importar donde esté, igual que José, usted llegue a la cima.

Sea la solución, no el problema

Una manera en que usted será valioso es si aprende a ser alguien que resuelve problemas. Eso era José. Su mente estaba enfocada en buscar soluciones. No vaya a su jefe y le diga: "Nuestro departamento se está desmoronando. Este gerente está a punto de dimitir. Bob insultó a Jim, y Bill sigue saliendo del trabajo antes de tiempo. Nadie pagó los impuestos el mes pasado. ¿Qué quiere que haga yo?".

Esa no es la manera de ser ascendido. Si usted presenta un problema, siempre presente también una solución. Si no puede presentar una solución, no presente el problema hasta que se le ocurra algo.

Un niño puede venir y decirme que el edificio está en llamas. Eso es fácil. No hace falta ninguna habilidad. Pero yo quiero a alguien que me diga no sólo que el edificio está en llamas, sino también que los bomberos están de camino, la gente está a salvo, la compañía de seguros está por llegar, y que se ha conseguido un edificio temporalmente. Si usted quiere ser valioso para su organización, presente a su jefe soluciones, no problemas.

¿Qué pasos está dando para mejorar y así llegar al siguiente nivel? ¿Está leyendo libros y revistas de comercio para estar al día? ¿Puede tomar un curso para tener ventaja?

Desarrolle el tesoro de su interior.

Tiene que estar a la ofensiva, aunque tenga su carrera. ¿Sabía que muchas carreras se quedan desfasadas en tan sólo cinco años? El mundo está cambiando muy rápidamente. Si usted no continúa aprendiendo y sigue creciendo, se quedará atrás.

Recientemente estuve hablando con el piloto de una aerolínea. Él dijo que los pilotos deben ir cada año para actualizar su entrenamiento si quieren continuar volando. ¿Por qué? Porque la tecnología cambia con mucha rapidez.

No contraiga la enfermedad del destino. Salga de ese molde y aprenda algo nuevo. Will Rogers dijo: "Aunque usted esté en el camino correcto, si tan sólo se queda ahí sentado, con el tiempo será adelantado". Si no da pasos para seguir creciendo, no se sorprenda si llega alguien y se lleva el ascenso que le pertenece a usted.

Dios tiene nuevos niveles en su futuro, pero si usted no está preparado para ellos, si no ha desarrollado el tesoro que Él ha puesto en usted, puede que se pierda la mayor parte de lo que Él tiene preparado.

Cada uno de nosotros debería tener un plan personal de crecimiento. No algo ambiguo: "Leeré un libro de vez en cuando. Tomaré el curso que ofrece la empresa este año". No, necesita un plan específico que describa cómo va usted a crecer. Debería incluir los pasos que dará para mejorar.

Déjeme darle algunas ideas. En vez de escuchar la

radio mientras conduce hasta el trabajo, escuche buenos audiolibros educativos y CD. Escuche material de entrenamiento, y cualquier otro material de ayuda que le ayudarán a crecer y a mejorar en su campo.

El estadounidense promedio pasa trescientas horas al año en un auto. Usted puede convertir su auto en una universidad. Ese es tiempo valioso. Imagine lo que puede aprender en trescientas horas. Aproveche eso.

También puede escuchar audios de inspiración e informativos mientras hace ejercicio. Todo el tiempo hay personas que me dicen: "Joel, yo le escucho mientras corro. Le escucho en el gimnasio". Una señora me dijo: "Yo le escucho cada noche antes de irme a la cama. Siempre hace que me duerma rápidamente".

Yo pensé: "¡Muchas gracias!".

Los ganadores hacen las cosas pequeñas que marcan la diferencia

Estas son cosas sencillas que los ganadores hacen para seguir creciendo y mejorando. No tiene que pasarse tres horas al día estudiando. Simplemente aproveche el tiempo que no está usando para su provecho ahora.

Me encanta la tecnología que hace posible convertir el tiempo muerto en algo positivo y útil. Los podcasts son otra herramienta estupenda. Usted puede descargar mensajes y escucharlos cuando quiera. Este año regalaremos 100 millones de copias de mis mensajes. Puede registrarse para recibirlas en iTunes y escucharlas tan a menudo como quiera. Ese es un plan de crecimiento, un plan para ganadores que está abierto a cualquiera.

Si usted quiere seguir creciendo, necesita tener buenos mentores, personas que han estado donde usted quiere llegar y que saben más que usted. Permita que ellos hablen a su vida. Escuche sus ideas. Aprenda de sus errores. Estudie cómo piensan y cómo llegaron hasta donde están hoy.

Escuché acerca de la compañía que tuvo una clase sobre ventas para varios cientos de empleados. El orador preguntó si alguien sabía los nombres de los tres vendedores más importantes. Todas las personas levantaron la mano.

A continuación preguntó cuántos de ellos habían ido a comer con esos vendedores y se habían tomado el tiempo de averiguar cómo hacen lo que hacen. Ni una sola mano se levantó.

Hay personas a nuestro alrededor que Dios ha puesto en nuestro camino con un propósito para que podamos obtener sabiduría, perspectiva y experiencia, pero tenemos que estar abiertos a aprender de ellos. Mire a su alrededor y encuentre los ganadores de los cuales podría aprender.

Digo esto con respeto: no malgaste su valioso tiempo con personas que no están contribuyendo a su crecimiento. La vida es demasiado corta como para juntarse con personas que no van a ningún sitio. La enfermedad del destino es contagiosa. Si usted está con ellos durante suficiente tiempo, su falta de ambición y energía se le pegará a usted.

Los ganadores necesitan asociarse con personas inspiradoras que les edifican, que les retan a llegar más alto, y no con cualquiera que les echa abajo y les convence para quedarse estancados. Su destino es demasiado importante para eso.

Los jóvenes a menudo se entretienen en intentar ser populares en vez de intentar hacer su mejor esfuerzo. Me he dado cuenta de que en veinte años a nadie le importará si usted fue popular en la secundaria. Aquellos que necesitan atención y sobreactúan o se visten ostentosamente y no estudian porque no es "popular" se darán cuenta de que las cosas cambian después de la secundaria.

Construya un cimiento para el crecimiento continuo

Lo que importa entonces es tener una buena educación, buenos hábitos de trabajo, y una buena actitud que le da un cimiento sobre el cual construir. La popularidad se trata de querer gustarle a la gente, pero la felicidad se trata de gustarse a uno mismo.

En muchas escuelas, la exposición de ciencias no es el evento más popular. Estar en el club de matemáticas no es ni mucho menos igual de "estupendo" que estar en el equipo de fútbol americano. Algunos de mis amigos se burlaban de la gente que estaba en el equipo de debate. Pero ahora trabajan para personas que estaban en el equipo de debate.

La secundaria es un tiempo crítico en nuestras vidas y en nuestros años de formación. Hay mucho énfasis puesto en los deportes y no el suficiente en los estudios. A mí me encantan los deportes. Yo crecí practicando deporte, y todavía lo hago. Los deportes enseñan disciplina, trabajo en equipo y perseverancia, y todo eso está bien. Pero tenemos que mantener los deportes en la perspectiva adecuada.

> *Relaciónese con personas inspiradoras.*

Muchos de nosotros no vamos a vivir del deporte. Un niño entre un millón jugará al baloncesto profesional. No le quiero deprimir, pero si usted es blanco, ¡es uno entre cinco millones! La carrera de fútbol americano profesional promedio es de tres años y medio. Aunque usted lo consiga, aun así necesita unos buenos cimientos para la vida después del fútbol americano.

Cuando usted estudia y aprende, y se toma la escuela en serio, puede que le llamen ratón de biblioteca o raro, pero no se preocupe por esos nombres. En unos cuantos años le llamarán director ejecutivo, presidente, senador, pastor o doctor.

Tomás Edison, Henry Ford, y Harvey Firestone tenían casas de verano cerca los unos de los otros en Florida. Eran amigos íntimos y pasaban la mayor parte de sus veranos juntos. Los ganadores se juntan con ganadores.

Con quién se relacione marcará la diferencia en cuanto a lo lejos que llegará en la vida. Si sus amigos son Fulano y Mengano, puede que se lo pase bien, pero seguramente no esté yendo a ninguna parte. La Escritura dice que debemos redimir el tiempo. Usted debe ver el tiempo como un regalo. Dios nos ha dado a cada uno 86.400 segundos cada día.

El tiempo se gasta igual que se gasta el dinero. Usted no está siendo responsable con lo que Dios le ha dado si se está juntando con gastadores de tiempo que no tienen metas ni sueños.

Usted tiene un destino que cumplir. Dios tiene cosas asombrosas para su futuro. Es vital que usted se rodee de las personas adecuadas. Si usted es el más listo de su grupo, entonces su grupo es demasiado pequeño. Necesita rodearse de personas que saben más que usted y que tienen más talento que usted. No se sienta intimidado por esas personas; siéntase inspirado.

Si usted toma una semilla de roble y la planta en un tiesto con capacidad de quince litros, ese árbol nunca crecerá al tamaño para el cual fue creado. ¿Por qué? Está restringido por el tamaño del tiesto. De la misma forma, Dios le ha creado para hacer grandes cosas. Él ha puesto talento, capacidad y habilidad en su interior. Usted no querrá estar restringido por su ambiente, porque puede que sea demasiado pequeño.

Las personas con las que se junta puede que piensen a pequeña escala, o que sean negativos y le echen abajo. Necesita salir de ese tiesto pequeño porque Dios le creó para remontar. Está bien ayudar a las personas en necesidad, pero no pase todo su tiempo con ellas.

Usted necesita personas talentosas e inteligentes en su vida; ganadores que estén más avanzados que usted y que puedan inspirarle e incentivarle a elevarse más alto.

Esta es mi pregunta para usted: ¿Está haciendo algo estratégico e intencional para seguir creciendo? Si no es así, puede empezar ahora mismo. Piense en un plan de crecimiento personal. Puede ser algo como esto: "Me levantaré cada mañana y pasaré los primeros veinte minutos meditando en las Escrituras. Escucharé un CD educativo de camino al trabajo. Leeré un libro quince minutos antes de irme a la cama cada noche. Quedaré con mi mentor dos veces al mes. Iré a la iglesia todos los fines de semana".

Este es un plan definido. Cuando usted tome la responsabilidad de su crecimiento, Dios honrará sus esfuerzos. En los días próximos usted tendrá oportunidades de pasar a un nuevo nivel. Dios ha cambiado las cosas en su favor.

Ascenso, cosas buenas, negocios, libros y conexiones divinas están en su futuro. Pero ahora es el tiempo de prepararse. No contraiga la enfermedad del destino.

Usted tiene un tesoro esperando ser desarrollado. Redima el tiempo. Tome la decisión de crecer de alguna forma cada día. Si sigue perfeccionando sus habilidades y mejorando, Dios promete que los dones que usted tiene le prepararán un lugar.

Igual que David, porque usted está preparado, yo creo y declaro que Dios está a punto de impulsarle hacia la plenitud de su destino. Él abrirá puertas que ningún hombre puede cerrar. Usted irá más lejos de lo que se pueda imaginar y se convertirá en el ganador que Él planeó que fuera.

CAPÍTULO 7

Sirva a otros

Jesús dijo: "Si quiere ser grande en el Reino, si quiere vivir una vida bendecida, hay una clave muy simple: tiene que tener la séptima cualidad innegable de un ganador y servir a los demás". Él no estaba hablando de un evento que sucede de vez en cuando. Estaba hablando de un estilo de vida en el cual usted vive para ayudar a otros, y en el que siempre está buscando formas de servir.

Cuando usted vive un estilo de vida enfocado en "servir a otros", ayuda a sus amigos, hace voluntariado en su comunidad, y cuida de sus seres queridos. No es algo que tiene que forzarse a sí mismo a hacer. Se convierte en parte de quién es usted. Desarrolla una actitud de dar a cada persona con la que se encuentra. Entonces es cuando tendrá verdadera felicidad y verdadera satisfacción. Usted vive no para recibir, sino para dar.

Muchas personas no son felices porque están enfocadas sólo en sí mismas. Todo gira en torno a "mis sueños, mis metas y mis problemas". Ese enfoque egocéntrico le limitará. Tiene que dejar de enfocarse en usted mismo.

Usted fue creado para dar. Dios ha puesto personas en su vida a propósito para que usted pueda ser una bendición para ellas. Cada mañana debería preguntar: "Dios, ¿cuál es mi tarea hoy? Ayúdame a ver con qué personas quieres que sea bueno".

> *Viva para servir a otros.*

Conozco a mi amigo Johnny de toda la vida, desde hace más de cuarenta años. Él está constantemente sirviendo a otros. Siempre está llevando a alguien al aeropuerto, invitando a algún amigo a cenar, animando a un pastor, o ayudando a alguien con un proyecto. Cuando mi padre estaba con diálisis, si uno de los miembros de la familia no podía llevarle a la clínica, se lo pedíamos a Johnny y él lo hacía de buena gana.

Llamé a Johnny una calurosa tarde de sábado. Cuando él respondió al teléfono había mucho ruido en el ambiente. Pude darme cuenta de que estaba pasando algo. Le pregunté dónde estaba. Él me dijo: "Estoy encima de una casa. La vecina de mi amigo es una mujer mayor, y le dijimos que este fin de semana pondríamos el tejado nuevo de su casa".

Él ni siquiera conocía a la mujer. Ella era tan sólo la vecina de un amigo. Pero Johnny ha desarrollado esta mentalidad de servir a otros. Cuando usted sirve a los demás, está sirviendo a Dios. Cuando hace algo por ellos, lo está haciendo por Él.

Jesús dijo: "Si le das un vaso de agua fría a alguien que lo necesite, ciertamente serás recompensado". Cada vez que usted sirve, Dios lo ve. Cada vez que ayuda a alguien. Cada vez que se sacrifica (se desvía de su camino para recoger un amigo, se levanta temprano para cantar en el coro, se queda más tiempo para ayudar un compañero de trabajo), Dios lleva el registro.

Su recompensa está en camino

No espere que las personas le devuelvan los favores. Puede que no le den las gracias. Puede que ni siquiera se lleve usted el mérito. Puede que no haya aplausos, pero permítame asegurarle que cuando usted sirve a otros hay aplausos en el cielo. Dios ve sus sacrificios.

Usted no necesita el aplauso de la gente. No necesita que nadie le aclame para poder seguir adelante. No necesita la placa de Empleado del Mes porque lo está haciendo para Dios. Él es el que importa. Él ve sus actos de bondad. Él ve cuando usted hace voluntariado en el hospital. Ve cuando usted va cada semana a servir en la guardería de la iglesia. Le ve llevar a su vecino al doctor en el día que usted tiene libre. Cuando sirve a otros, Dios dice que usted será grande en el Reino.

J. J. Moses era una estrella del fútbol americano en la universidad. Fue reclutado por el equipo de los Houston Texans y jugó con ellos durante seis años. Era el regresador de patada y regresador de impulso. ¡Era tan rápido como un rayo! Cuando tenía la pelota, electrizaba a los fans, corriendo de aquí para allá. Era asombroso verlo.

Al jugar en la Liga Nacional de Fútbol americano delante de millones de fans, J. J. estaba en la cima del éxito. Pero durante el tiempo que no era temporada de juego (y cuando no tenía un partido) ¿sabe dónde estaba J. J. cada sábado por la noche?

J. J. no estaba en su casa con los pies en alto. No estaba por ahí disfrutando de su fama. Él estaba en nuestra iglesia en Houston, sirviendo a los demás como ujier, acompañando a la gente a sus asientos, enseñando el lugar a los visitantes, pasando los canastos de la ofrenda, y haciendo que todos se sintieran bienvenidos.

Muchas de las personas que venían a la iglesia no sabían que era una estrella del fútbol americano. En el estadio, todas las luces estaban sobre él. Los fans querían su autógrafo o fotos con él. J. J. pudo haber permitido que su fama se le subiera a la cabeza y haber pensado: "Soy lo más. Yo no voy a servir de ujier. No voy a servir a los demás; quiero que ellos me sirvan a mí".

En lugar de eso, J. J. me dijo: "Mi mayor honor no fue jugar delante de 80 mil personas en el estadio cada semana. Mi mayor honor fue servir de ujier en mi sección en la iglesia Lakewood cada sábado por la noche".

J. J. es testigo del hecho de que nunca se es demasiado grande, importante o influyente para servir. Conozco a otro buen nombre cuya fortuna superaba los nueve mil millones de dólares. Él está en el cielo ahora, pero tuvo mucho éxito en el negocio del petróleo tras empezar sin nada. Él amaba a Dios y siempre ayudaba a los demás. Entre otras muchas cosas, era dueño de un gran centro de retiros donde las personas podían ir durante un fin de semana y ser renovados.

> *Usted no es nunca demasiado grande para servir.*

Una vez, un matrimonio se presentó en la recepción del retiro cuando la recepcionista había salido un momento. Mi amigo el multimillonario estaba allí por casualidad. Era un hombre mayor, muy amigable y humilde. Él atendió al matrimonio, les dio sus llaves, y a continuación agarró sus maletas y las llevó a la habitación. Les ayudó a instalarse, dejó sus maletas, e incluso les llevó hielo.

Él estaba a punto de dejarles cuando la señora sacó un billete de cinco dólares de su bolso y le dio una propina. Ella pensó que era el botones.

Él simplemente sonrió y dijo: "Gracias, Señor. ¡Ahora tengo nueve mil millones y cinco dólares!".

Me encanta el hecho de que no era tan importante como para no servir. Él no dijo: "Perdone, yo no necesito una propina. Soy el dueño de todo. ¿Saben ustedes quién soy yo?".

Hace falta una gran persona para hacer algo pequeño. Hace falta humildad para decir: "No tengo que hacer esto. No se requiere de mí. Podría hacer que otra persona lo haga. Nadie me diría nada si no lo hago, pero sé que para poder servir a Dios, debo servir a los demás".

Si usted quiere una vida estupenda, no sólo viene del éxito, de tener una gran casa u otros logros. No hay nada de malo en esas cosas. Dios quiere que usted sea bendecido. Pero si quiere sentirse realmente satisfecho, tiene que desarrollar el hábito de servir a otros.

Usted fue creado para dar. Fue creado para hacer que la vida de los demás sea mejor. Alguien necesita lo que usted tiene. Alguien necesita su amor. Alguien necesita su sonrisa. Alguien necesita su ánimo y sus dones.

Cuando usted sirve a los demás, tendrá una satisfacción que el dinero no puede comprar. Sentirá paz, gozo, fuerza, y un sentimiento de satisfacción que sólo Dios puede dar. En la Biblia se cuenta una historia sobre Jesús y los discípulos cuando hacían un largo viaje a Sámaria. Estaban cansados y hambrientos. Jesús mandó a los discípulos al pueblo a comprar comida mientras Él esperaba en el pozo. Allí conoció a una mujer. Él le dijo cosas sobre su futuro y le dio un nuevo comienzo. A pesar de que tenía sed y hambre, Jesús sirvió a las necesidades de ella.

Los discípulos volvieron unas horas después con la comida, pero Jesús ya no tenía hambre. Tampoco estaba cansado. Estaba sentado junto al pozo sintiéndose satisfecho, en paz. Ellos quedaron sorprendidos. Intentaron ofrecerle algo de comer, pero Él no lo quiso.

Él dijo: "Yo tengo una comida que comer, que ustedes no conocen". Ellos pensaron que quizá alguien había llegado mientras ellos no estaban y le había dado algo de comer. Ellos hablaron sobre eso: "Hace un momento estaba cansado, ahora está renovado. Tenía hambre, pero ahora dice que está satisfecho. ¿Cómo puede ser eso?".

Jesús les oyó intentando averiguarlo. Él les contó el secreto. Él dijo: "Mi comida es que haga la voluntad del que me envió, y que acabe su obra". Él estaba diciendo: "Yo me alimento haciendo lo que Dios quiere que haga. Me siento satisfecho cuando ayudo a los demás. Mi comida, fuerza, paz, gozo y satisfacción llegan cuando sirvo a otros".

Alimente su alma a través del servicio

A veces puede que trabaje durante todo el día y se canse físicamente. Pero hay veces cuando debe desviarse de su camino para ser una bendición. Se levanta temprano para ayudar a un compañero de trabajo. Se pasa por el hospital para orar por un amigo. Corta el césped del vecino después del trabajo.

Hacer eso debería hacerle sentir cansado y agotado, pero se siente con energía, más fuerte y renovado. ¿Por qué?

Cuando usted hace la voluntad de su Padre, eso no le quita las fuerzas, se las renueva. Usted puede hacer voluntariado en su comunidad cada semana. Puede levantarse temprano e ir a la iglesia en su día libre, tal vez sirviendo en el ministerio de niños después de trabajar toda la semana. Puede limpiar casas en el voluntariado el sábado por la mañana. Puede pasar la tarde en la prisión animando a los presos. Usted pensaría que terminaría cansado, agotado, y con la necesidad de irse a casa y descansar después de hacer un día de voluntariado. Pero al igual que Jesús, cuando usted ayuda a otros se alimenta a sí mismo.

Aquellos que sirven tienen fuerza, gozo, paz, sabiduría y sanidad. Debería estar usted agotado, pero Dios renueva sus fuerzas y le renueva de tal forma que al final del día no está sentado, sino de pie. No termina por lo bajo, sino por todo lo alto. Dios le recompensa.

Cada vez que me marcho de una de las reuniones de nuestra iglesia, me siento más fuerte que cuando llegué. Humanamente, no tiene sentido. Hago uso de mucha energía, paso muchas horas, doy la mano a mucha gente, pero me voy a casa revitalizado. ¿Por qué? Porque cuando servimos a otros, haciendo que sus vidas sean mejores, levantándoles, sanando a aquellos que están dolidos, les estamos bendiciendo y somos bendecido. Somos alimentado. Somos renovados.

Si usted siempre se siente cansado y agotado, sin energía, puede ser que no esté haciendo suficiente por los demás. Necesita dejar de pensar en usted mismo. Vaya a una residencia para ancianos y anime a alguien que está solo. Haga una tarta para su vecino. Entrene al equipo de niños. Llame a un amigo que está en el hospital.

A medida que usted exalte a los demás, Dios le exaltará a usted. Esto no debería ser algo que haga de vez en cuando, cuando tenga tiempo de sobra. Debería ser su estilo de vida, parte de su naturaleza. Tampoco hace falta que haga algo grande; los pequeños actos de bondad también sirven. Una simple palabra de ánimo puede alegrarle el día a alguien.

> *Exalte a otros y Dios le exaltará a usted.*

Un día, después de una reunión de la iglesia, Victoria estaba andando por el pasillo de la iglesia cuando vio a una joven que venía hacia ella en medio de una multitud de gente. Al pasar por su lado, Victoria le miró a los ojos y le dijo: "Eres muy hermosa".

Tuvieron una conversación de cinco segundos, y a continuación cada una siguió por su camino. Esa joven me dijo un par de semanas después que el pequeño acto de bondad de Victoria marcó un antes y un después en su vida. Había pasado por una relación en la que había sufrido abuso. No se sentía atractiva, se sentía mal consigo misma, y golpeada por la vida.

Ella dijo que cuando Victoria le dijo que era hermosa, fue como si hubiera roto las cadenas que le ataban. Algo resucitó en su interior. La Escritura dice que una palabra amable obra milagros. Durante todo el día podemos servir a Dios hablando palabras amables, ofreciendo halagos, dando ánimo, y exaltando a aquellos que nos rodean.

"Hoy te ves muy bien".

"Te aprecio".

"Creo en ti".

"Estoy orando por tu familia".

Las palabras sencillas pueden marcar una gran diferencia

Usted debería comenzar a hacer esto en su casa. Está bien servir a las personas en público, pero no se olvide de servir a su propia familia. Los esposos deberían servir a sus esposas.

"Cariño, voy a la cocina. ¿Puedo traerte algo?".

"Déjame ir a llenar el tanque de gasolina de tu auto para que no tengas que hacerlo mañana".

"Yo ayudaré a los niños con sus deberes. Tú tómate un descanso".

Sea una bendición para su cónyuge.

Si todos tuviéramos esta actitud de siervos hacia nuestro cónyuge, más matrimonios se mantendrían unidos. Conozco hombres que esperan que sus esposas hagan todo por ellos. "Yo no le voy a servir, ella debe servirme a mí:

cocinar, limpiar, hacerme la cena, y asegurarse de que mi ropa está lavada. También mantener la casa en orden".

Eso no es una esposa, ¡es una sirvienta! Si eso es lo que quiere, contrate a alguien. Si usted quiere que ella sea una esposa realmente feliz, si quiere una amiga, una amante, y alguien que haga que su vida sea grandiosa, entonces usted debe estar dispuesto a servirla.

Llévele el desayuno a la cama. Recoja su ropa sucia, sin esperar que ella lo haga. Ayude con los niños. Haga que ella se sienta especial. El matrimonio no es una dictadura, ¡es un equipo!

Usted podría decir: "Bueno, Joel, la Biblia dice que la esposa debe someterse a su marido". Sí, pero también dice que el marido debe amar a su esposa como Cristo amó a la iglesia.

Cristo fue el modelo perfecto de una actitud servicial. Él tenía todo el poder del mundo. Fue el hombre más influyente que haya existido. Y aún así, Él se inclinó y lavó los pies de sus discípulos. Él pudo haber contratado a alguien que lo hiciera. Pudo habérselo pedido a cualquiera de los discípulos y ellos lo hubieran hecho. Hubiera podido llamar a un ángel del cielo que bajara y haberle dicho: "Oye, hazme un favor y lávales los pies. Apestan; no quiero lidiar con esto hoy. Mateo tiene hongos en los pies. Juan no se ha bañado en dos semanas. ¡Y Pedro necesita plantillas antiolor!".

En lugar de eso, Jesús agarró una toalla, se inclinó y lavó sus pies uno por uno. Él nos dio su ejemplo de servicio a otros para que pudiéramos saber que nunca se es demasiado importante para ser bueno con la gente. Nunca se es demasiado exitoso. Nunca se está en una posición tan alta como para no poder inclinarse y servir a otro. Cuanto más andemos en humildad, y cuanto más deseemos servir a los demás, más alto puede llevarnos Dios.

Si usted está casado, intente servir más a su cónyuge, y verá que su matrimonio llegará a un nuevo nivel de gozo. Escuché acerca de un hombre que presumía de que era el cabeza de su hogar y que él manejaba todo. En ese momento su esposa se acercó.

Él dijo: "Sí, manejo la aspiradora. Y el lavavajillas y el cortacésped".

Victoria y yo hicimos un acuerdo cuando nos casamos. Dijimos que yo tomaría todas las decisiones importantes y ella tomaría todas las decisiones menos importantes. Es gracioso, porque en veintisiete años, ¡no ha habido ninguna decisión importante! Victoria dice que yo soy el cabeza del hogar, pero ella es el cuello que gira la cabeza.

Busque personas a las que pueda bendecir

Permítame preguntarle: ¿A quién está sirviendo? ¿Con quién está siendo bueno? ¿A quién está exaltando?

Esté atento para ver a qué personas puede bendecir. Dios pone personas en nuestras vidas a propósito para que les alegremos el día. Usted debería levantarse cada mañana y decir: "Dios, muéstrame mi tarea para hoy. Ayúdame a ser sensible a las necesidades de quienes me rodean".

Una vez bauticé a cerca de ochocientas personas un sábado. Entre ellas había un hombre mayor que había tenido un derrame cerebral. No podía andar, así que le trajeron en una silla de ruedas. Para entrar en el baptisterio de la iglesia hay que subir unas escaleras y luego bajar otras para entrar en el agua. El hombre joven que le empujaba en la silla de ruedas tenía aproximadamente mi edad. Se podía ver que realmente le importaba el hombre. Hizo grandes esfuerzos para asegurarse de que estuviera bien.

Un par de hombres ayudaron al hombre mayor a ponerse de pie. Entonces, el hombre joven puso sus brazos debajo de sus piernas y su espalda para poder llevar al hombre mayor al agua, de la misma forma en que usted llevaría a un bebé que duerme. Fue una escena muy conmovedora, ver al hombre joven esforzarse para ayudar a alguien que estaba tan decidido a bautizarse a pesar de su edad y sus discapacidades.

Con la ayuda del hombre joven pudimos bautizar al hombre mayor. Después de que el joven le llevara de nuevo a su silla de ruedas, le pregunté: "¿Es tu padre?".

Movió su cabeza para indicar que no.

"¿Es tu tío, o pariente tuyo?", pregunté.

El joven me explicó que se habían conocido en la iglesia unas semanas atrás. Me dijo que el domingo que yo había anunciado la fecha de los bautizos, el hombre mayor de la silla de ruedas se giró y le dijo: "Ojalá pudiera bautizarme. Siempre he querido hacerlo, pero tuve un derrame cerebral. Sabía que tenía que haberlo hecho antes".

El hombre joven se ofreció para ayudarle a cumplir su sueño de ser bautizado. El hombre mayor dijo que no tenía familia que le llevara a la iglesia, y explicó que normalmente tomaba un autobús que ayudaba a personas en silla de ruedas.

El hombre joven dijo: "No se preocupe, yo me ocuparé de usted". Recogió al extraño su casa, le ayudó a llegar al bautismo en nuestra iglesia, y le llevó en brazos hasta el baptisterio. Y se acababan de conocer en la iglesia.

Mi oración es: "Dios, ayúdanos a todos a tener esa misma compasión. Ayúdanos a no estar tan ocupados, tan metidos en nuestras propias vidas que nos perdamos oportunidades para servir a los demás". Dios nos pide que llevemos en brazos a aquellos que tienen necesidad. Tal vez no tenga que llevar a nadie en brazos físicamente, sino simplemente aliviar sus cargas. ¿Ayudará a que su

> *Sea sensible a las necesidades de los demás.*

sueño se cumpla? ¿Se esforzará para ser bueno con los demás?

Ayudar a los menos afortunados es lo más cercano al corazón de Dios. Nunca se me olvidará la imagen de ese hombre joven llevando en brazos al hombre paralítico al agua. Puedo entender que hiciera todo eso por su padre, por un pariente, o un amigo de mucho tiempo, pero él era un extraño al que acababa de conocer en la iglesia.

Empleó su sábado, en el que podía haber estado haciendo ejercicio, ir a la playa o quedar con sus amigos. No habría habido nada de malo en relajarse, pero su actitud era: "Tengo una tarea. Dios ha puesto alguien en mi camino para que le sirva. Puedo marcar la diferencia en su vida y alegrar su día".

Jesús dijo: "De cierto os digo que en cuanto lo

hicisteis a uno de estos mis hermanos más pequeños, a mí lo hicisteis". Me encanta el hecho de que este joven no estaba buscando llevarse el mérito. No estaba anunciando: "Estoy haciendo una buena obra, mírenme". No había nadie aclamándole. Simplemente estaba silenciosamente sirviendo a ese hombre.

Nadie habría sabido que apenas se conocían si yo no hubiera preguntado. Recuerde que cuando usted es bueno con los demás y se esfuerza para ser una bendición, o cuando hace sacrificios de los que nadie se entera, Dios ve lo que usted está haciendo. Él ve su corazón compasivo. Tal vez nadie más en esta tierra esté alabándole o diciéndole que es una buena persona, pero allá arriba todo el cielo le está aclamando y animando a continuar.

Aclamación en el cielo

Como líder de la Iglesia Lakewood, yo recibo recompensas por mi trabajo de aquellos que me dan las gracias, me aplauden y me animan a seguir. Estoy muy agradecido y adulado. Pero cuando nadie le está aplaudiendo, cuando nadie le da las gracias, o su trabajo ni siquiera es reconocido, no se desanime y piense que le están ignorando. Su recompensa será mayor.

Si la gente reconoce su mérito, entonces usted ha recibido una porción de su recompensa. Cuando nadie reconoce su mérito, entonces, la Escritura dice: "Tu Padre que ve en lo secreto te recompensará en público". Cuando llegue el tiempo en que las recompensas se repartan, algunos de nosotros que estamos al frente tendremos que echarnos hacia atrás. Entonces, se repartirán recompensas más grandes a aquellos que trabajaron entre bastidores. Habrá elogios para los voluntarios que trabajaron año tras año sin ser reconocidos y para aquellos individuos desinteresados, como este joven, que se sacrificó para ayudar a alguien a cumplir su sueño, que silenciosamente y sin hacer un espectáculo dieron su tiempo, dinero y energía.

No hace mucho tiempo, uno de nuestros ujieres partió con el Señor. Él había sido voluntario en la Iglesia Lakewood durante casi treinta años. Era todo lo fiel que se puede ser. Recuerdo que siempre veía a este caballero, que era callado, con una sonrisa amable, y siempre vestía bien. No sé si alguna vez hablé con él personalmente, pero recuerdo darme cuenta de que estaba ahí reunión tras reunión, año tras año. Podíamos contar con él para ayudar a la gente cada semana.

Mi madre presidió su funeral. Una de sus peticiones fue ser enterrado llevando puesta su placa de ujier de Lakewood. Así que, en su funeral, en su féretro, la placa que había llevado durante treinta años estaba fijada a su traje favorito. Él estaba muy orgulloso de ser ujier. Pudo haber sido enterrado con muchas otras cosas, pero se sentía muy honrado de poder servir a otros en nuestra iglesia.

Cuando nuestro antiguo ujier entró en el cielo, yo creo firmemente que hubo una gran celebración. Puedo imaginarme a los ángeles cantando, las trompetas sonando, gente aplaudiendo, y una asombrosa ceremonia de bienvenida. No hubo mucho aplauso ni espectáculo aquí abajo por su vida de servicio y amabilidad, pero no pasó desapercibido. Será recompensado.

La Escritura dice que cuando Esteban fue al cielo, Jesús se levantó para darle la bienvenida. Jesús está normalmente sentado a la derecha del Padre, pero yo creo que hay veces, como cuando nuestro ujier llegó como un héroe que no había sido vitoreado, que Jesús dice: "¿Sabes qué? Esta persona merece una ovación de pie".

> *Cuando usted sirve a otros, Dios se pondrá de pie para darle la bienvenida a casa.*

Escuché acerca de un matrimonio de misioneros mayores, que pasaron más de sesenta años en África ayudando a los menos afortunados. Dieron sus vidas a su trabajo misionero, e hicieron mucho bien.

Cuando finalmente se jubilaron, regresaron a su casa de Nueva York. Coincidió que viajaron en el mismo barco que el presidente Teddy Roosevelt, que regresaba de una gran expedición de caza. Cuando su barco llegó al puerto, hubo un gran espectáculo. Había una banda tocando. El alcalde y otros dignatarios estaban formados en línea. Había banderas ondeando. El confeti llovía desde los edificios. Globos flotaban en el aire. Hubo una gran celebración.

Cuando el presidente se bajó del barco, la multitud se volvió loca. Decenas de miles de personas aclamaban, saludaban, y tomaban fotos. El desembarque salió en los periódicos de todo el mundo al día siguiente.

El misionero vio todo eso y le dijo su esposa: "No me parece justo que hayamos dado nuestras vidas para ayudar a otros, para servir, para dar y para marcar la diferencia, y el presidente regrese de sus vacaciones y todo el mundo le da la bienvenida. Nadie ni siquiera sabe que nosotros existimos".

El misionero se sentía muy desanimado mientras bajaban del barco. Más tarde esa noche, él oró: "Dios, no entiendo. El presidente regresa y tiene a todo el mundo aclamándole, pero nosotros regresamos y nadie ni siquiera sabe que hemos llegado".

Él escuchó la respuesta de Dios en su corazón: "Hijo, eso es porque tú todavía no has llegado a casa".

Usted será recompensado. Habrá una celebración como nunca haya visto. No será con ninguna banda que haya escuchado en la tierra. Los ángeles estarán cantando, y todo el cielo se unirá para darle la bienvenida a casa.

Si usted ha sido fiel, se ha sacrificado, ha hecho voluntariado y ha dado a otros, anímese hoy. Dios ve cada acto de bondad. Él ve cada buena obra. Nada que usted haya hecho ha pasado desapercibido. Dios lo vio, y la buena noticia es que usted será recompensado.

Recuerde que cuando hace lo que Dios pide, usted será alimentado, renovado, fortalecido, y sus energías serán renovadas. Busque formas en que pueda ser bueno con la gente. Si desarrolla un estilo de vida basado en servir a otros, Dios promete que usted será grande en el Reino. Yo creo y declaro que porque usted es un dador, recibirá su recompensa. Usted recibirá sanidad, fuerza, oportunidades, ascensos y avances. Usted llegará a nuevos niveles de la bondad de Dios.

CAPÍTULO 8

Permanezca apasionado

Hay estudios que muestran que a las personas entusiastas les pasan cosas mejores. Son ascendidas a menudo, tienen ingresos más altos, y viven vidas más felices. Eso no es una coincidencia. La palabra *entusiasmo* viene de la palabra griega *entheos*. *Theos* es un término que significa "Dios".

Cuando usted es entusiasta, está lleno de Dios. Cuando se levanta por la mañana emocionado en cuanto a la vida, reconociendo que cada día es un regalo, usted está motivado a perseguir sus metas; tendrá un favor y una bendición que harán que tenga éxito.

La octava innegable cualidad de un ganador es que se mantiene apasionado durante su vida. Demasiadas personas han perdido su entusiasmo. Hubo un tiempo en que estaban emocionados en cuanto a su futuro y apasionados por sus sueños, pero por el camino se encontraron con algunos obstáculos. No consiguieron los ascensos que querían, o tal vez una relación no funcionó, o tuvieron problemas de salud. Algo hizo que sus velas perdieran el viento. Simplemente están viviendo la rutina de la vida; levantarse, ir al trabajo, y volver a casa.

Dios no sopló su vida en nosotros para que nosotros pasáramos el día arrastrándonos. Él no nos creó a su imagen, nos coronó con su favor y nos equipó con su poder para que no tuviéramos entusiasmo.

Puede que usted haya tenido algunos obstáculos. Puede que sus velas hayan perdido el viento, pero este es un nuevo día. Dios está soplando nueva vida en usted. Si se sacude las reveses y recupera su pasión, entonces el viento comenzará a soplar de nuevo, no en contra, sino a su favor. Cuando usted se ponga en consonancia con Dios, Él hará que las cosas cambien a su favor.

Recupere su pasión.

El 15 de enero de 2009, el Capitán Chesley "Sully" Sullenberger hizo aterrizar con éxito un avión comercial en el río Hudson después de que los motores del avión dejaran de funcionar debido a que múltiples pájaros quedaron atrapados en ellos. A pesar de los peligros de que un avión de pasajeros tan grande aterrice en aguas glaciales, los 155 pasajeros y la tripulación sobrevivieron. Esta situación se conoce como el "Milagro del Hudson".

Justamente después del exitoso aterrizaje de emergencia y el rescate, un reportero le preguntó a un pasajero, un hombre de mediana edad, qué pensaba en cuanto a haber sobrevivido a ese evento aterrador. A pesar de estar todavía temblando, frío y mojado, al pasajero le brillaba la cara y había emoción en su voz cuando respondió: "Antes estaba vivo, pero ahora estoy *realmente* vivo".

Después de enfrentarse a una situación de vida o muerte, el superviviente se dio cuenta de que su perspectiva había cambiado. Reconoció cada momento como un regalo y decidió que en lugar de simplemente vivir, comenzaría a vivir *realmente*.

Semillas de grandeza

Mi pregunta para usted es esta: ¿Está *realmente* vivo? ¿Está apasionado con su vida o está atrapado en la rutina, dejando que las presiones de la vida le aplasten, o dando por hecho lo que tiene? Usted no fue creado simplemente para existir, para aguantar, o para hacer las cosas por inercia; usted fue creado para estar *realmente* vivo.

Tiene semillas de grandeza en su interior. Hay algo más que usted debe conseguir. El día que deje de estar emocionado por su futuro es el día en que dejará de vivir. Cuando deja de estar apasionado por su futuro, pasa de vivir a meramente existir.

En lo natural, puede que no haya nada por lo que estar emocionado. Cuando usted mira al futuro, lo único que ve es más de lo mismo. Debe ser fuerte y decir: "Me niego a vivir este día arrastrándome y sin pasión. Estoy agradecido por estar vivo. Estoy agradecido porque puedo respirar sin dolor. Estoy agradecido por poder escuchar a mis hijos mientras juegan. Estoy agradecido por no haber sido herido en ese accidente. Estoy agradecido por tener oportunidades. No estoy tan sólo vivo; estoy *realmente* vivo".

Esto es lo que Pablo le dijo a Timoteo en la Biblia: "Remueve tus dones, aviva la llama". Cuando usted remueve su pasión, su fe le permitirá a Dios hacer cosas asombrosas. Si quiere permanecer apasionado, no puede dejar que lo que una vez fue un milagro se convierta en algo ordinario. Cuando empezó ese nuevo trabajo estaba muy emocionado. Se lo contó a todos sus amigos. Sabía que era el favor de Dios. No pierda esa emoción tan sólo porque lo ha tenido durante cinco años.

Cuando se enamoró después de conocer a la persona de sus sueños, estaba usted en el séptimo cielo. Sabía que ese emparejamiento era el resultado de la bondad de Dios. No lo dé por sentado. Recuerde lo que Dios ha hecho.

Cuando sus hijos nacieron, lloró de alegría. Sus nacimientos fueron milagros. Usted estaba muy emocionado. Ahora tiene adolescentes y está diciendo: "Dios, ¿por qué me hiciste esto?".

No deje que lo que una vez fue un milagro se haga tan común que se convierta en algo ordinario. Cada vez que vea a sus hijos, debería decir: "Gracias, Dios, por el regalo que me has dado".

Nosotros trabajamos durante tres años para adquirir lo que antes era el arena de baloncesto de los Houston Rockets para nuestra iglesia. Durante ese tiempo, el estadio aún se usaba para deportes y eventos musicales. Cuando no había un partido o un concierto, Victoria y yo íbamos por la noche y paseábamos alrededor del estadio. Orábamos y le pedíamos a Dios su favor.

Permanezca emocionado.

Cuando las autoridades de la ciudad aprobaron nuestra compra, lo celebramos. Era un sueño hecho realidad. Casi diez años después, es fácil acostumbrarse a ello. Tener reuniones en un edificio tan enorme podría convertirse en algo común, ordinario y rutinario porque lo hemos estado haciendo durante mucho tiempo. Pero tengo que admitir que cada vez que entro al edificio, no puedo dejar de decir: "Dios, gracias. Has hecho más de lo que yo pudiera pedir o pensar".

Viva con asombro

Todos hemos visto la bondad de Dios de alguna forma. Dios abrió una puerta, le dio un ascenso, le protegió en la autopista, y le hizo conocer a alguien que ha sido una bendición. Eso fue su mano de favor.

No permita que se convierta en algo ordinario. Deberíamos vivir asombrados de lo que Dios ha hecho. Cuando miro a mis hijos, pienso: "Dios, eres asombroso". Cuando veo a Victoria, pienso: "Dios, has sido bueno conmigo". Cuando estaciono delante de mi casa, pienso: "Señor, gracias por tu favor".

No deje que sus milagros se hagan tan comunes que ya no le emocionen. Leí acerca de un famoso cirujano que siguió yendo a trabajar cada día incluso cuando tenía más de ochenta años. Le encantaba la medicina. Su personal intentó hacer que se retirara y se lo tomara con calma, pero él no quería hacerlo. Él había inventado un procedimiento que había llevado a cabo más de diez mil veces. Parecía algo muy rutinario y ordinario. Lo había hecho una y otra vez.

En una entrevista, le preguntaron al cirujano si alguna

vez se cansaba de realizar su procedimiento y si alguna vez se le había hecho aburrido. Él dijo: "No, por que hago como si cada operación fuera la primera que hago".

Él estaba diciendo: "No doy por sentado lo que Dios me ha permitido hacer. No permito que se convierta en algo tan ordinario que pierda el asombro".

¿Qué ha hecho Dios por usted? ¿Tiene hijos sanos? ¿Tiene gente a la que ama? ¿Tiene un lugar para trabajar? ¿Se da cuenta de los dones y talentos que vienen de parte de Dios? ¿Reconoce que lo que parecía ser producto de la suerte era Dios dirigiendo sus pasos?

Hay milagros a nuestro alrededor. No los dé por hecho. No pierda el asombro de las obras de Dios. Avive sus llamas. Remueva sus dones.

A veces nos retenemos, pensando que nos emocionaremos cuando llegue la siguiente cosa buena. Tan sólo entonces volveremos a andar con brío en el paso. Pero yo he aprendido que si no está contento en el lugar en el que está, no llegará donde quiere estar.

Necesita plantar una semilla. Tal vez no esté pasando nada emocionante; tal vez este afrontando grandes retos. Fácilmente podría desanimarse y abandonar sus sueños.

Plante una semilla.

Pero usted está plantando una semilla cuando va a trabajar con una sonrisa, hace su mejor esfuerzo, ofrece su bondad a otros, y muestra gratitud por lo que tiene.

Dios tomará esa semilla y la hará crecer hasta que se convierta en algo emocionante en su vida. La Escritura nos dice que Dios nos llevará de gloria en gloria y de victoria en victoria. Puede que usted esté entre victoria y victoria ahora mismo, pero mantenga su pasión y aférrese a su entusiasmo. La buena noticia es que otra victoria está de camino, al igual que otro nivel de gloria y otro nivel del favor de Dios.

Hágalo con todo su corazón

Eclesiastés dice que todo lo que hagamos, lo hagamos de corazón, y estaremos honrando a Dios. Cuando usted hace un esfuerzo del 100 por ciento, está haciendo algo lo mejor que puede, y porque está honrando a Dios, tendrá su favor. Esto significa que las cosas irán mejor. Todo será más fácil y podrá lograr más cosas.

Hagámoslo práctico. Cuando usted lava los platos, no se queje; hágalo con todo su corazón y honrará a Dios. Cuando tenga que cortar el césped, no lo haga de mala gana y amargado. Córtelo con entusiasmo. Córtelo como si fuera una misión que Dios le encargó.

Con cada paso, dele gracias a Dios porque sus piernas funcionan. Dele gracias a Dios por estar sano. En la oficina, no haga un esfuerzo a medias. No haga tan sólo lo que se requiere para seguir adelante. Usted no está trabajando para la gente, está trabajando para Dios. Hágalo con todo su corazón. Hágalo con una sonrisa. Haga su mejor esfuerzo.

Cuando yo era pequeño, había un agente de policía que dirigía el tráfico en el centro comercial Galería de Houston. Su tarea era asegurarse de que la gente estuviera segura en uno de los cruces más ajetreados de la ciudad. El tráfico podía estar detenido de cinco a diez minutos. Él no sólo dirigía el tráfico como lo hacen los demás, él prácticamente bailaba mientras lo hacía.

Sus dos manos se movían constantemente. Tenía un silbato y alzaba la cabeza como un bastonero. Sus pies bailaban de aquí para allá. Podía dirigir el tráfico y hacer el paso del "moonwalk" al mismo tiempo. Era realmente un espectáculo.

Había conductores que se detenían tan sólo para verle en acción. Él no vivía el día arrastrándose, ni se sentía mal por tener que ir al trabajo. Él estaba apasionado.

Usted debería ser igual. No viva el día arrastrándose. No se quede atascado en una rutina. Haga lo que haga, hágalo con todo su corazón. Ande con paso ligero. Lleve siempre puesta una sonrisa. ¡Haga el "moonwalk" si es necesario!

Usted honra a Dios cuando hace las cosas con todo su corazón. Corra su carrera. No se preocupe de lo que están haciendo los demás. No conseguirá permanecer apasionado mientras siga comparando su vida con la de otros. No caiga en esa trampa. Puede que usted estuviera emocionado por las grandes vacaciones que tiene planeadas a la playa, hasta que su compañera de trabajo dice que ella va a hacer un tour por Europa con su familia, y que se van a quedar dos semanas, y que tomarán el tren que pasa por los Alpes suizos, y que van a ver a unos amigos en París, y que van a celebrar su cumpleaños en Italia.

De repente, sus vacaciones a Galveston no parecen tan emocionantes. Deje de comparar su vida con la de los demás. Usted podría estar entusiasmada con su marido hasta que conoce al marido de su compañera de trabajo.

Es alto, moreno y apuesto. Su marido es bajito, pálido y simple. El marido de ella parece que acaba de salir de la revista *GQ*. En cambio, su marido parece haber salido de DQ: ¡la heladería "Dairy Queen"!

No compare su físico, su talento, su marido, su auto o su casa con los de aquellos que le rodean. Hacer eso es lo que impide a muchas personas estar apasionadas por la vida. Si usted cae en la trampa de compararse, siempre habrá alguien más apuesto, con más talento o con más éxito, con una casa más grande, o con un auto mejor. Corra su propia carrera.

Sea lo mejor que pueda ser

La Escritura dice que Dios nos ha dado el poder para disfrutar de lo que nos ha sido asignado, lo cual significa que yo no tengo el poder de disfrutar de la vida de usted. Puede que usted tenga más dinero, más dones, más amigos y un mejor trabajo. Pero si usted me pone a mí en su vida, no la disfrutaré.

Usted fue creado de manera única para poder correr su propia carrera. Deje de desear ser otra persona o pensar cosas como: "Si tuviera ese talento...". Si Dios quisiera que usted tuviera ese talento, Él se lo daría. Tome lo que tiene y desarróllelo. Saque el máximo partido a sus dones.

En lugar de pensar cosas como: "Si tuviera su físico...", sea agradecido con el físico que Dios le dio.

> *Hágalo con todo su corazón.*

Usted no es un accidente. La vida que usted tiene está diseñada perfectamente para encajar con usted.

¿Por qué no se emociona con la vida? Emociónese con su físico, su talento y su personalidad. Cuando esté apasionado con quién es usted, honrará a Dios. Es entonces cuando Dios soplará en su dirección, y las semillas de grandeza que Él ha plantado en su interior comenzarán a crecer rápidamente.

En realidad, es un insulto a Dios desear ser otra persona. Usted está diciendo: "Dios, ¿por qué me creaste inferior? ¿Por qué me hiciste menos importante que los demás?".

Dios no hizo a nadie inferior. No creó a nadie para que fuera de segunda clase. Usted es una obra maestra. Está totalmente listo y equipado para la carrera para la cual fue diseñado.

Su actitud debería ser: "Puede que no sea igual de alto, o igual de moreno, o igual de talentoso que otro, pero eso está bien. Nadie jamás será un mejor yo. Yo fui ungido para ser yo. Estoy equipado para ser yo. Y no sólo eso, sino que también es fácil ser yo".

Es fácil ser usted mismo. Es fácil correr su carrera porque está equipado para lo que necesita afrontar. Pero muchas veces, la gente intenta ser algo que no es. He conocido personas de piel oscura que se ponen cremas para intentar ser más blancos. Y también conozco personas de piel más clara que van a una cama solar para intentar ser más morenos.

Recientemente, en una firma de libros, hubo una señora mayor que me tocó el cabello y me dijo: "Joel, ojalá yo tuviera ese cabello rizado". Hoy día eso se puede conseguir. Si usted tiene cabello liso y lo quiere rizado, hágase la permanente. Si tiene cabello gris y lo quiere marrón, tíñalo. Si no tiene cabello y desea tenerlo, ¡cómprelo!

Siga trabajando y creciendo

Si quiere permanecer apasionado, tiene que seguir siendo productivo. Debe tener una razón para levantarse de la cama cada mañana. Cuando usted no está produciendo, no está creciendo. Puede que se jubile de su trabajo, pero nunca se jubile de la vida. Manténgase ocupado. Siga usando su mente. Siga ayudando a los demás. Encuentre una forma de mantenerse productivo. Haga voluntariado en el hospital. Cuide a los niños de sus parientes. Haga de mentor para un joven.

Cuando usted deja de ser productivo, comienza a morir lentamente. Dios promete que si le mantiene a Él en primer lugar, Él le dará una vida larga y satisfactoria. ¿Cuán larga es una vida larga? Hasta que usted esté satisfecho.

Si usted termina de producir a los cincuenta y está satisfecho, entonces la promesa estará cumplida. No sé usted, pero yo tengo demasiado dentro de mí como para morirme ahora. No estoy satisfecho. Tengo sueños que todavía no se han cumplido. Tengo mensajes que todavía debo dar. Tengo hijos de los cuales tengo que disfrutar, una esposa que tengo que *educar*...quiero decir una esposa que tengo que *disfrutar*. Tengo nietos que todavía tiene que nacer.

Cuando llegue a los noventa más o menos, y siga fuerte, sano, lleno de gozo y apuesto, entonces diré: "Está bien, Dios, estoy satisfecho. Estoy listo para mi cambio de domicilio. Vámonos".

Algunas personas se satisfacen demasiado fácilmente. Dejan de vivir a los cincuenta. No los enterramos hasta que tienen ochenta, pero aunque han estado vivos, no han vivido realmente. Tal vez han pasado por decepciones. Tuvieron algunos fracasos, o alguien les hizo daño y perdieron su gozo. Simplemente se acomodaron y dejaron de disfrutar de la vida.

Pero Dios tiene otra victoria para su futuro. Usted no estaría respirando si Dios no tuviera algo grandioso delante de usted. Debe recuperar su pasión. Dios no ha terminado con usted.

Dios terminará lo que comenzó en su vida. La Escritura dice que Dios nos llevará a un final próspero, no a un final decadente. Usted debe hacer su parte y sacudirse la autocompasión, sacudirse lo que no funcionó.

Puede que tenga una razón por la que apenarse de usted mismo, pero no tiene derecho a hacerlo. Dios dijo que Él tomará lo que tenía intención de hacerle daño y no sólo le sacará de ahí, sino que también usted estará mejor de lo que estaba antes.

Póngase de acuerdo con Dios

En la Biblia, David dijo: "Levante su cabeza y el Rey de gloria vendrá". Mientras su cabeza este bajada y usted esté desanimado, sin gozo, sin pasión y sin celo, el Rey de gloria no vendrá.

En lugar de eso, levántese por la mañana y diga: "Padre, gracias por un día más. Gracias por otro amanecer. Estoy emocionado por este día". Cuando usted está realmente vivo, esperanzado, agradecido, apasionado y productivo, entonces, el Rey de gloria, el Dios altísimo, vendrá. Él abrirá un camino donde no parece que lo haya.

Todos nos enfrentamos con dificultades. A todos nos pasan cosas injustas. No permita que eso amargue su vida. Escuché el dicho: "Los problemas son inevitables, pero sentirse miserable es opcional". Simplemente porque le pasó algo malo no significa que su vida haya terminado.

Conozco a un popular ministro que dirigió su congregación durante muchos años y era tan buen orador que estaba continuamente solicitado. Pero hace algunos años, le diagnosticaron la enfermedad de Parkinson. Con el tiempo, perdió la habilidad de hablar. Tuvo que retirarse de su iglesia. Antes era muy elocuente, fuerte y vibrante, pero ahora parecía que su carrera había terminado. Parecía que sus mejores días ya habían pasado.

Pero justamente cuando las cosas parecían ponerse peor para él, me mandó un manuscrito con una nota: "Joel, como sabes, ya no puedo hablar, así que he decidido empezar a escribir. Échale un vistazo a mi nuevo libro".

Simplemente porque no puede hacer lo que antes hacía, no significa que deba quedarse a un lado. Si no puede hablar, escriba. Si no puede correr, ande. Si no puede ponerse de pie, siéntese. Si no puede bailar, mueva su cabeza. Si no puede cantar, dé golpes con el pie. Haga lo que pueda hacer. Mientras respire, tiene algo en su interior. No pierda su pasión.

> *No pierda su pasión.*

Piense en el apóstol Pablo: él fue puesto en prisión en

el punto más alto de su carrera. Justamente cuando todo parecía ir bien, tuvo su mayor decepción. Pablo pudo haberse deprimido y haber pensado: "Pobre de mí". Pudo haber renunciado a sus sueños. En lugar de eso, mantuvo su pasión.

Mientras estaba en prisión, escribió más de la mitad del Nuevo Testamento. Lo que parecía un obstáculo fue realmente algo que Dios planeó para hacer algo más grande en la vida de Pablo. Puede que usted haya pasado por cosas malas y situaciones injustas. Permanezca apasionado. Dios sigue en el trono. Si usted mantiene su cabeza en alto, el Rey de gloria vendrá y le guiará a donde Él quiere que usted esté.

Mire hacia delante

Es tentador vivir la vida mirando por el retrovisor. Cuando usted siempre está mirando hacia atrás, automáticamente se enfoca en lo que no funcionó, en quién le hizo daño, y en los errores que ha cometido, por ejemplo:

"Si tan sólo hubiera terminado la universidad".

"Si tan sólo hubiera pasado más tiempo con mis hijos".

"Si tan sólo hubiera sido criado en un mejor ambiente".

Mientras usted esté viviendo lamentándose, enfocado en las cosas negativas del pasado, no podrá avanzar al futuro brillante que Dios tiene preparado. Debe dejar ir lo que no funcionó. Deje ir su dolor y sus heridas. Deje ir sus errores y sus fracasos.

Usted no puede cambiar el pasado, pero puede hacer algo en el presente. Ya sea que pasara hace veinte minutos o hace veinte años, suelte las heridas y los fracasos, y avance. Si sigue cargando con el equipaje negativo del ayer, su futuro será envenenado.

Usted no puede cambiar lo que le ha pasado. Puede que haya tenido un pasado injusto, pero no tiene por qué tener un futuro injusto. Puede que haya tenido un comienzo algo difícil, pero no se trata de cómo comienza, sino de cómo termina.

No permita que una relación dolorosa amargue su vida. No permita que algo malo, una traición, un divorcio, o una infancia difícil haga que usted se conforme con menos en la vida. Avance y Dios le recompensará.

Avance y Dios le reivindicará. Avance y entrará en un nuevo comienzo. Nada de lo que le haya pasado es una sorpresa para Dios. La pérdida de un ser querido no llegó cuando Dios había bajado la guardia. El plan de Dios para su vida no terminó simplemente porque su negocio no funcionó, o porque una relación fracasó, o porque tuvo un hijo difícil.

Aquí está la pregunta: ¿Se estancará y se amargará, caerá en la autocompasión, le echará la culpa a los demás, y dejará que su pasado envenene su futuro? ¿O se sacudirá todo eso y avanzará, sabiendo que sus mejores días aún están por delante de usted?

La próxima vez que esté en su auto, fíjese en que tiene una gran luna en el frente del auto, y un retrovisor muy pequeño. La razón por la que la luna es tan grande y el retrovisor es tan pequeño es que lo que ha tenido lugar en el pasado no es tan importante como lo que está en el futuro. El lugar donde usted va es mucho más importante que el lugar del que viene.

Deshágase del equipaje

Si se mantiene enfocado en el pasado, se quedará anclado en el lugar en el que está. Ese es el motivo de que algunas personas no tengan gozo. Han perdido su entusiasmo. Están arrastrando todo su equipaje del pasado.

Alguien les ofendió la semana pasada, y tienen eso metido en su maleta de resentimiento. Perdieron los estribos o dijeron algo que no deberían haber dicho. Ahora, han puesto esos errores en sus maletas de culpa y condenación.

Hace diez años uno de sus seres queridos murió y aún no entienden por qué; su dolor y sus heridas están empacadas en su maleta de las decepciones. De pequeños no fueron tratados bien; otra maleta llena de amargura.

También cargan con sus maletas de lamentos, las cuales contienen todas las cosas que desearían poder haber hecho de otra forma. Tal vez lleven otra maleta que contiene su divorcio, y aún están enojados con su antiguo cónyuge, así que han estado cargando con el resentimiento durante años. Si quisieran tomar un vuelo, no se lo podrían permitir, porque sería demasiado caro. Cargan con veintisiete maletas dondequiera que van.

La vida es demasiado corta como para vivirla de esa forma. Aprenda a viajar con poco peso. Cada mañana cuando se levante, perdone a aquellos que le hicieron daño. Perdone a su cónyuge por lo que dijo. Perdone a su jefe por ser irrespetuoso. Perdónese a usted mismo por los errores que ha cometido.

Al comienzo del día, suelte los obstáculos y las decepciones de ayer. Comience cada mañana fresco y nuevo. Dios no le creó para llevar todo ese equipaje. Puede que

> *Perdone a aquellos que le hicieron daño.*

haya estado cargando con él durante años, y eso no va a cambiar hasta que usted haga algo al respecto. Póngase firme y diga: "Hasta aquí. No voy a vivir lamentándome. No voy a seguir enfocado en mis decepciones. No voy a vivir pensando en las relaciones que no funcionaron, o en aquellos que me hicieron daño, o lo injustamente que fui tratado. Voy a dejar ir el pasado y voy a seguir adelante con mi vida".

Debe enfocarse en lo que puede cambiar, no en lo que no puede cambiar. Lo que está hecho, hecho está. Si alguien le ofendió, le maltrató o le decepcionó, las heridas no se pueden deshacer. Usted puede amargarse (meterlo en una maleta y llevarlo a todos lados, permitiendo que esto le cargue con más peso), o puede perdonar a aquellos que le hicieron daño y seguir adelante.

Si ayer perdió los estribos, puede flagelarse, poner la culpa y la condenación en una maleta, o puede pedir perdón, recibir la misericordia de Dios y hacerlo mejor hoy.

Si no consiguió el ascenso que quería, puede amargarse y estar resentido, o puede sacudírsela, sabiendo que Dios tiene algo mejor preparado.

Sin importar lo que pase, ya sea grande o pequeño, si

toma la decisión de dejarlo ir y seguir adelante, no permitirá que su pasado envenene su futuro.

Una mujer que conozco pasó por un divorcio hace algunos años. Varias veces oramos en nuestras reuniones, pidiéndole a Dios que trajera a un hombre bueno a su vida. Un día, conoció a un hombre de Dios que era muy exitoso. Ella estaba muy contenta, pero cometió el error de llevar todo su equipaje negativo del divorcio anterior a la nueva relación. Ella estaba constantemente hablando sobre lo que había pasado y la forma en que fue maltratada.

Ella tenía una mentalidad de víctima. El hombre me dijo que ella estaba tan enfocada su pasado y tan anclada en lo que le había pasado, que él simplemente no podía con ello. Así que él siguió adelante con su vida, sin ella. Esto es lo que pasa cuando nos agarramos a las heridas y al dolor del pasado. Nos envenenará dondequiera que vayamos. No puede cargar con todo el equipaje personal del ayer y esperar tener buenas relaciones. Tiene que soltarlo.

Deje de mirar por el pequeño espejo retrovisor y comience a mirar a través de la gran luna de la vida que hay delante de usted. Puede que le hayan pasado cosas malas, pero eso no detuvo el plan de Dios para su vida. Él aún tiene cosas asombrosas para su futuro.

Cuando una puerta se cierra, permanezca en fe y Dios abrirá otra puerta. Si un sueño muere, no se quede sentado en la autocompasión y hablando acerca de lo que perdió; siga adelante y sueñe otro sueño. Su vida no terminará simplemente porque perdió a un ser querido, pasó por un divorcio, perdió un trabajo, o no consiguió la casa que quería. No estaría vivo si Dios no tuviera otra victoria delante de usted.

Prepárese para las cosas nuevas que Dios tiene listas

El pastor Dutch Sheets contó una historia acerca de una mujer de cuarenta años a la que le tuvieron que practicar cirugía a corazón abierto. Tenía una obstrucción en una de sus arterias y le tuvieron que practicar una cirugía de derivación. A pesar de que es una operación delicada, se considera una cirugía rutinaria y se lleva a cabo con éxito más de 230.000 veces cada año.

Durante la operación, el cirujano cortó la vena principal que lleva la sangre al corazón y la conectó a una máquina que bombea la sangre y hace que los pulmones sigan funcionando. El corazón realmente deja de latir cuando la vena está siendo conectada a la máquina.

Cuando la cirugía ha terminado y la máquina es desconectada, el calor de la sangre del cuerpo normalmente hace que el corazón se despierte y comience a latir de nuevo. Si eso no funciona, los médicos tienen medicamentos que harán que el corazón se despierte.

Esta mujer estaba en la mesa de operaciones y su cirugía de derivación había terminado, así que dejaron que su sangre comenzara a fluir, pero por alguna razón su corazón no comenzó a latir de nuevo. Le administraron los medicamentos usuales, pero sin éxito.

No tenía pulso. El cirujano masajeó su corazón con su

mano para estimular el músculo y hacer que comenzará a latir de nuevo, pero ni siquiera eso funcionó.

El cirujano estaba muy frustrado y preocupado. Parecía que su paciente estaba acabada. Después de hacer todo lo que pudo médicamente, se agachó y susurró en el oído de ella: "María, he hecho todo lo que puedo hacer. Ahora necesito que le diga a su corazón que vuelva a latir".

Se echó hacia atrás y escuchó *bum, bum, bum, bum*. Su corazón comenzó a latir.

¿Necesita usted decirle a su corazón que vuelva a latir? Tal vez haya pasado por decepciones y la vida no ha resultado como usted hubiera esperado. Ahora está simplemente sentado a un lado. Debe recuperar su pasión. Recupere su fuego. Dígale a su corazón que vuelva a soñar. Dígale a su corazón que vuelva a amar. Dígale a su corazón que vuelva a reír. Dígale a su corazón que vuelva a creer.

> *Dios tiene un nuevo comienzo para usted.*

Haga su mejor esfuerzo en la vida

Tengo un amigo que pasó por un divorcio después de veintiséis años de matrimonio. Su esposa le dejó una nota que decía que había encontrado a otra persona. Él era una persona extrovertida, divertida y enérgica. Pero después de que su mujer le dejara, era serio, estaba desanimado y no tenía gozo, no tenía vida.

Yo le dije lo que le estoy diciendo a usted: "Este no es el fin. Dios tiene un nuevo comienzo. Pero tienes que hacer tu

parte y decirle a tu corazón que comience a latir de nuevo".
Poco a poco, recuperó su gozo, su visión y su pasión.

Entonces, Dios trajo a una hermosa mujer a su vida y
se casaron. Hace poco me dijo que ahora es más feliz que
nunca.

Puede que usted haya afrontado un obstáculo también,
pero no se quede sentado, anclado en la autocompasión.
Dígale a su corazón que comience a latir de nuevo. Dígale
a su corazón que ame de nuevo. Puede que alguien le haya
ofendido, pero no permita que eso le envenene. Dígale a
su corazón que perdone de nuevo. Puede que un sueño no
haya tenido éxito, pero nada cambiará si usted anticipa más
de lo mismo. Dígale a su corazón que vuelva a soñar.

Puede que haya dejado que las presiones de la vida le
aplasten, y ahora usted es solemne y serio. Debe decir a su
corazón que vuelva a reír. Dígale a su corazón que vuelva a
sonreír. Recupere su gozo. Recupere su entusiasmo.

Jesús dijo en Apocalipsis 2: "Pero tengo contra ti, que
has dejado tu primer amor." La Escritura no dice que ha
perdido el amor, el pasaje dice que usted ha dejado su
primer amor. Eso significa que puede recuperarlo. Usted
no ha perdido su pasión; simplemente la ha dejado a un
lado. Recupérela.

Usted no ha perdido el amor por su familia; simplemente
lo ha dejado a un lado; ahora recupérelo. Usted no ha perdido ese sueño; todavía está en su interior. Simplemente lo
dejó ahí. Debe recuperarlo.

Remueva lo que Dios puso en su interior. Dele aire a la
llama. No esté apenas vivo. Dios quiere que usted esté realmente vivo.

Puede que haya tenido obstáculos, pero este es un nuevo día. Sueños están resucitando. Su visión está siendo renovada. Su pasión está siendo restaurada. Corazones están latiendo de nuevo. Prepárese para la bondad de Dios. Prepárese para el favor de Dios.

Usted *puede* vivir una vida de victoria. Usted *puede* superar cada obstáculo. Usted *puede* cumplir sus sueños. Usted *puede* establecer nuevos niveles para su familia. ¡Usted puede y lo hará!

No sólo es usted capaz, sino que además yo declaro que *sí* se convertirá en todo lo que Dios quiere que usted sea. Usted *sí* ascenderá a nuevos niveles. Usted *sí* vivirá una vida bendecida, exitosa y gratificante. Mi consejo es este: no se estanque en el lugar donde está ahora.

Usted tiene semillas de grandeza en su interior. Ponga estos principios en acción cada día. Levántese por la mañana anticipando cosas buenas, y viva cada día positivo, enfocado en su visión, corriendo su carrera, y sabiendo que usted es capaz.

El ganar está en su ADN. El Dios altísimo sopló su vida en usted. Usted tiene lo que hace falta. Este es su tiempo. Este es su momento. Deshágase de las dudas, del temor y de la inseguridad, y prepárese para recibir favor, aumento, y prepárese para la plenitud de su destino. ¡Usted puede y lo hará!

¡Queremos escuchar de usted!

Cada semana, cierro nuestra emisión televisiva internacional dándole al público una oportunidad de hacer que Jesús sea el Señor de sus vidas. Me gustaría darle esa misma oportunidad a usted.

¿Está usted en paz con Dios? Existe un vacío en el corazón de cada persona que solamente Dios puede llenar. No estoy hablando de asistir a una iglesia o encontrar la religión. Estoy hablando de encontrar vida, paz y gozo. ¿Quisiera usted orar conmigo hoy? Simplemente diga: "Señor Jesús, me arrepiento de mis pecados. Te pido que entres a mi corazón. Yo te hago mi Señor y Salvador".

Amigo, si ha hecho esta simple oración, creo firmemente que ha "nacido de nuevo". Le animo a que asista a una buena iglesia cuyas bases estén fundamentadas en la Biblia, y que mantenga a Dios en el primer lugar en su vida. Si quiere información gratuita sobre cómo crecer y fortalecer su vida espiritual, por favor tenga la libertad de contactar con nosotros.

Victoria y yo le amamos, y estaremos orando por usted. Nosotros creemos que Dios tiene lo mejor para usted, y que verá cómo sus sueños se cumplen. ¡Nos encantaría escuchar de usted!

Para contactar con nosotros, puede escribir a:

Joel y Victoria Osteen
P.O. Box 4600
Houston, TX 77210

O puede encontrarnos en línea en www.joelosteen.com.

Otros libros de Joel Osteen disponibles en español

¡Dé el salto!

Yo declaro

Cada día es viernes

Lecturas diarias tomadas de Cada día es viernes

Su mejor vida ahora

Lecturas diarias tomadas de Su mejor vida ahora